검색어: 삶의 의미

검색어: 삶의 의미

박상우 에세이

스토리코스모스

| 차례 |

삶의 의미가 나를 부를 때

검색어 : 삶의 의미　08
당신과 똑같은 존재가 우주에 여럿 있다면　14
탈출하고 싶으면 빨간 알약을 먹어라　22
액을 피하고 싶은가, 액을 부르고 싶은가　28
어디로 가야 할지 머리로 고뇌하는 인간의 형상　35
우리는 극복하는 자인 동시에 극복되는 자이다　41

오래된 가르침으로부터 깨어나라

'구하라 그리하면 받으리니'의 비밀　50
모든 사랑은 나에게서 시작해 나에게서 끝난다　58
스마트폰 도인, 스마트폰 달인, 스마트폰 선각자들에게　65
인생을 창조하는 약속, 약속을 창조하는 인생　72
디지털 노마드에게 지구는 너무 좁고 시시해　79
엄지족들이여, 함부로 인연을 맺지 말라　86
욕을 처먹어도 행복할 수만 있다면　92

눈을 크게 뜨고 들여다보라

'엄마'로 시작해 유언으로 끝나는 인생　100

나의 친절이 먹고살기 위한 연기가 될 때　107

'돈의 순수성'이라는 말, 이해가 되나　114

먹기 위해 사는가, 살기 위해 먹는가　121

이것도 명작, 저것도 명작, 누구 마음대로 명작인가　128

빌어먹을 교양, 썩어빠질 교양의 시대에　134

죽는 날까지 학생으로 살아라

책과 스마트폰을 맞바꿀 사람이 있을까　144

티코는 아무리 튜닝해도 그랜저가 되지 않는다　150

청춘이 끝나면 인생이 끝나고 인생이 끝나면 청춘이 끝난다　159

중년을 즐기는 셰익스피어의 아홉 가지 생각　164

인생의 수난극에 당신이 출연해서 연기하는 이유　171

해가 저물기 직전, 가장 화려하게 타오르는 인간의 황혼　178

작가의 말　186

삶의 의미가 나를 부를 때

검색어 : 삶의 의미

구글에 '삶의 의미'라는 검색어를 입력하면 600만 개가 넘는 검색 자료가 뜬다는 사실을 얼마 전에 어떤 책을 읽다가 알았다. 독서 중에 그런 내용을 읽고 설마, 하는 심정으로 구글에 '삶의 의미'라는 검색어를 실제로 입력해 보았다. 그랬더니 0.26초 만에 웹 문서만 2,250만 개가 떴다. 이미지, 뉴스, 동영상, 도서 분야의 검색 결과까지 합하면 모두 몇 개가 산출될지 모르겠으나 웹 문서가 2,000만 개가 넘는다는 사실만으로도 나는 깊은 충격을 받지 않을 수 없었다.

'삶의 의미'라는 말은 인간에게 주어진 근본적인 질문의 총합이다. 나는 누구인가, 나는 왜 사는가, 인생은 무엇인가 같은 철학적 의문들. 인간의 정신을 빼앗는 온갖 요소들이 가득한 인터넷 공간에 들어와서까지 '삶의 의미'라는 검색어를 입력한 사람들의 심정은 어떤 것이었을까.

석가모니가 인생을 고행이라고 선언하지 않았더라도 요즘 아이들은 유치원 시절부터 인생이 괴로움의 바다라는 걸 깨친다. 성장하고 어른이 된 뒤에도 괴로운 일이 생길 때마다 누군가에게 조언을 구하거나 도움을 얻고 싶어 하지만 그것을 명쾌하게 해결해 주는 궁극적인 솔루션은 지상 어디에서도 찾을 수 없다. 견디기, 그리고 흘려보내기. 인생의 모든 순간이 고착되지 않고 지나간다는 걸 힘겹게 깨치고 그것을 인내심의 발판으로 삼는 게 고작이다.

태어나서 죽는 날까지 우리는 삶에 갇혀 지낸다. 육체에 갇히고 뇌에 갇히고 존재감에 갇혀 허우적거린다. 우리에게 주어진 유일한 대응 무기는 마음과 생각뿐이다. 마음을 근본으로 삼고 생각을 추슬러 현실의 문제점들을 해결해 나가는 과정의 누적이 한평생이 되는 것이다. 하지만 그렇게 하루하루 힘겹게 살아도 죽음이 목전에 당도하면 누구에게나 인생은 허무하고 안타깝고 아쉬운 일장춘몽으로 되새겨진다. '삶'에는 충실할 수 있어도 '의미'에는 충실할 수 없는 게 인생이기 때문이다.

어느 누구도 명쾌한 삶의 의미를 모르니 물어볼 수밖에 없다. 그래서 무수한 사람들이 인생의 난관에 봉착할 때마다 포털에 '삶의 의미'라는 검색어를 입력하고 조언을 구했을 것이다. 삶의 의미에 대해 자신만만하게 안다고 대답하는 사람이 있다면 그는 정녕 삶의 의미가 무엇인지 모르는 사람일 것이다. 양자역학을 안다고 말하는 사람은 양자역학을 모르는 사람이라는 말과 별로 다르지 않다. 이렇게 말하면 저렇게 되고, 저렇게 말하면 이렇게 되는 것 – 그것이 삶의 의미이고 양자역학의 요체이기 때문이다.

웹 문서를 다 열어보지 못했지만 한나절 이상 검색 결과를 살펴보고 내가 내린 결론은 다음과 같은 것이었다 : '삶의 의미'에는 삶의 의미가 없다! 정녕 나도 삶의 의미를 알고 싶어서 숱한 웹 문서를 열어보았지만 한두 시간도 지나지 않아 중요도가 떨어지는 허접한 결과물들만 펼쳐져 실망을 금할 수 없었다. 하지만 그것은 지극히 당연한 결과였다. '삶'과 '의미'를 절대적인 것으로 받아들이고 그것의 의미를 한결같이 '밖'에서만 찾고 있었기 때문이다.

나의 인생은 나를 위해 주어진 게 아니다. 인생이 나의 것이 아니라는 말이다. 더 쉽게 말하면 나는 내 인생의 주인이 아니다. 내가 주인이라면 내 마음대로 그것을 운영하고 내 마음대로 그것을 가지고 놀 수 있어야 한다. 하지만 이 세상 어느 누구도 인생을 제멋대로 가지고 놀지 못한다. 인간은 그저 인생의 도구로 하루하루를 살아낼 뿐이다.

우리는 우리 뜻대로 세상에 태어난 게 아니다. 태어난 이후에도 우리가 원하는 대로 세상을 살지 못한다. 심지어 죽는 날도 마음대로 정하지 못한다. 그래서 생명, 운명, 수명에는 명령의 의미[命]가 붙어 있다. 프로그램에 입력된 대로 살아야 한다는 말이다. 우리 뜻대로 못 사니 부질없는 욕망을 부리면 부릴수록 인생은 괴로워진다. 그래서 비우라는 말, 내려놓으라는 말들을 한다. 욕망을 내세우지 말고, 그것에 휩쓸리지 말고 주어지는 그대로, 있는 그대로의 인생을 자연스럽게 살아가라는 말이다.

인생을 자기 것이라고 착각해 마구잡이로 뜯어고치려 하거나 바꾸려 하면 화를 면하기 어렵다. 그래서 참아야 하고 인내해야 한다. 오감의 작동과 마음의 움직임을 자제할 수 있게 되면 더 큰 자유를 얻을 수 있기 때문이다. 그 상태에 이르면 하위자아로서의 '나'가 스러지고 상위자아로서의 '나'가 나타난다. 인간으로서의 격이 달라지니 환골탈태하게 되는 것이다. 그 차원에 이르게 되면 비로소 알게 될 것이다. 나가 얼마나 나를 갈망하고 있었는지, 나가 얼마나 나를 창조하고 싶었는지.

그 순간부터 나는 내 인생을 무궁무진하게 창조할 수 있는 전지전능한 존재가 된다. 나를 위해서가 아니라 나눔을 위한 창조와 공유-그것이 진정한 의미의 사랑이다. 그것을 온전하게 받아들일 때 우리에게 주어진 인생은 무궁무진한 예술의 대상, 창조의 가치를 지닌 낯선 오브제가 되는 것이다.

상위자아의 나가 하위자아의 나에게 전하는 메시지를 들어보라.

나를 살아라, 나를 즐겨라
나가 시작이고 나가 끝이다.
나는 나를 위해 태어나고 나를 위해 죽는다.
진정한 나를 만나지 못하는 한
죽음과 탄생은 끝없이 반복된다.
진정한 나를 만나는 순간
나는 나를 낳은 창조주가 된다.
내 인생의 대본을 쓰고 연출을 맡은 전지전능한 존재,
내 인생의 주인공이 나라는 걸 깨치는 순간
내가 우주의 중심이라는 걸 또렷하게 자각할 수 있으리라.

인간의 내면에는 두 개의 나가 겹쳐 있다. 그것을 어떻게 사용하고 활용할 것인가, 하는 건 전적으로 자유의지의 소산이다. 상위자아 편의 나로 살 것인가, 하위자아 편의 나로 살 것인가. 삶의 의미 같은 건 찾을 필요가 없다. 삶은 분명 있지만 의미는 우리의 몫이 아니기 때문이다.

삶의 의미를 찾아 한평생을 보낸 사람들, 예컨대 구도자들이나 수도승들이 그토록 많았건만 아직도 인류의 삶은 의미 이전의 혼돈 속에 빠져 있다. 그러니 괴로워하지 말고 자신에게 주어지는 삶을 기꺼이 살아야 한다. 그 모든 인과가 자신에게서 비롯된 것이니 누구를 탓할 필요가 없다. 그뿐이다.

후렴

나는 나를 위해 태어나고 나를 위해 죽는다.
진정한 나를 만나지 못하는 한
죽음과 탄생은 끝없이 반복된다.
진정한 나를 만나는 순간
나는 나를 낳은 창조주가 된다.

당신과 똑같은 존재가 우주에 여럿 있다면

　수족관 안에 열대어가 있다. 사람들은 그것을 관상어라고 부른다. 관상어가 사는 수족관은 그것의 세계이다. 수족관 안과 밖 사이에는 유리로 된 경계가 존재한다. 유리가 사라지면 관상어의 세계는 붕괴된다. 그럴 때 유리는 차원의 경계가 된다.

　세상에는 헤아릴 수 없이 많은 수족관이 있다. 다종다양한 관상어도 많다. 수족관 바깥 차원의 사람들은 그저 무심하게 자기 눈에 띄는 수족관과 관상어만 볼 뿐 그와 같은 수족관이 이 세상에 몇 개나 있고 관상어의 종류와 개체 수는 몇 마리나 되는지 전혀 관심을 기울이지 않는다.

　같은 이치로 우리 인간은 지구라는 이름의 수족관에 갇혀 산다. 지구는 태양계에 갇혀 있고 태양계는 은하계에 갇혀 있다. 우주에 그와 같은 은하계가 얼마나 많은지 태양계에 갇혀 사는 우리는 모른다. 세상에 널린 수족관이 몇 개나 되는지, 관상어의 종류와 개체 수가 얼마나 되는지 모르는 것과 같은 이치다. 수족관 바깥 차원의 우리처럼 태양계 바깥 차원에서 지구인들을 관상어처럼 바라보고 있을 다른 차원의 존재들을 상상해 보라.

태양계 밖의 무한 우주에 지구와 같은, 지구인과 같은 공간과 존재가 없으란 법이 없지만 그것을 확인하거나 증명할 방도가 없다. 실제로 있다고 쳐도 얼마나 많은지 알아낼 도리가 없다. 그러니 수족관 안의 물고기는 관상어, 지구라는 수족관에 갇혀 사는 우리는 관상인이라고 해도 과언이 아니다.

관상어와 관상인 얘기는 비유이다. 그런데 같은 이치를 지닌 평행우주 얘기를 꺼내 "우리가 사는 우주 말고 다른 우주에도 당신과 같은 존재가 살고 있다"고 하면 대뜸 미친놈 소리를 듣기 십상이다. 우리가 사는 우주 이외의 우주에 대해 우리는 모른다. 하지만 온갖 가능성의 우주에 대해 과학자들은 날이면 날마다 떠들어대며 '누가누가 잘하나' 상상력 대회를 펼쳐나간다. 요컨대 모든 우주론은 증명 불가능한 가설일 뿐이라는 얘기다.

우리가 살고 있는 우주와 동일한 조건의 우주를 상상하는 건 양자역학을 바탕으로 한 양자적 다중우주Quantum Multiverse이지만 과학자들이 주장하는 다중우주에는 '누벼 이은 다중우주 Quilted Multiverse, 인플레이션 다중우주Inflationary Multiverse, 브

레인 다중우주Brane Multiverse, 주기적 다중우주Cyclic Multiverse, 경관 다중우주Landscape Multiverse, 홀로그래피 다중우주Holographic Multiverse, 시뮬레이션 다중우주Simulated Multiverse, 궁극적 다중우주Ultimate Multverse 등등이 난무한다.

무슨 헛소리들인가.

결론은 한 가지, 우주가 하나가 아니라는 말이다. 그 모든 가능성의 세계는 과학자들이 수학 방정식으로 머릿속에서 만들어낸 우주이다. 모든 정황으로 미루어 우주가 유일한(Uni) 것이라고 믿으며 우주를 유니버스Universe라고 부르던 시대가 끝이 났다는 것만은 분명하다. 하나가 아니니 멀티multi가 되고, 멀티가 되니 당연히 멀티버스Multiverse의 개념들이 생성된다. 멀티버스에서도 멈추지 않고 메타버스Metaverse, 제노버스Xenoverse, 하이퍼버스Hyperverse, 옴니버스Omniverse로까지 확장되고 있는 것이다.

다른 우주에 나와 같은 생명체가 존재한다면 여기 있는 나는 무엇인가? 그런 존재가 하나도 아니고 몇이나 된다면 그 '나 들'은 또 무엇인가. 우주론이 함부로 다루어질 수 없는 것은 '지금, 여기' 있는 우리 모두의 존재론적 가치관이 달라지기 때문이다. 그래서 평행우주는 오랫동안 '미친 생각'으로 치부되어온 게 사실이다. 하지만 양자역학이 자리 잡은 이후 평행우주와 다중우주

이론은 과학자들 사이에서 상식으로 통용되는 시점에 이르렀다. 그 모든 상황 변화를 적절하게 압축해 『평행우주라는 미친 생각은 어떻게 상식이 되었을까』라는 제목의 책이 출간되기도 했다.

 그렇다면 평행우주란 무엇인가. 아주 쉽고 간단하게 말하자면 지금 우리가 살고 있는 지구와 평행선상에 위치한 또 다른 세계가 헤아릴 수 없이 많다는 말이다. 예를 들어 지금 지구에서 소설가로 살아가는 내가 있다고 치자. 그럼 어느 평행우주엔가 소설가가 아닌 존재로 살아가는 내가 있을 수 있는 것이다. 여기서 결혼하고 자식을 기르며 살고 있다면 어느 평행우주에선가는 독신으로 살아가고 있는 내가 존재할 수도 있다는 것이다.

 평행우주는 인간의 선택에 의해 분화된다. 뿌리는 같은데 줄기에서 가지들이 서로 다른 방향으로 뻗어나가는 나무를 생각하면 이해가 쉬울 것이다. 소설가가 되지 않으면 자살하겠다고 버틴 인간이 공모전에 당선되어 작가로 살아가게 된 지구의 경우가 있는 반면 다른 평행우주에서는 소설가가 되지 못해 알코올 중독자나 폐인 혹은 다른 직업을 가지고 인생을 힘들게 살아갈 수도 있다는 말이다. 결혼을 선택한 순간, 어느 평행우주에선가는 결혼 대신 독신으로 살아가는 다른 내가 존재할 수도 있다는 것이다. 말이 되나?

 믿거나 말거나 평행우주는 이제 세상에서 상식으로 통하는 말이 되었다. 엘비스 프레슬리는 지구에서 죽었지만 다른 평행우주에서는 아직도 가수로 살아가고 있을 거라는 말을 과학자들이 아무렇지도 않게 하는 세상이 된 것이다. 믿거나 말거나, 중요한 것은 평행우주가 아니라 그곳에서 나와 다른 삶을 살아간다는 '다른 나'이다.

　재방송이거나 라이브이거나 우리가 살아가는 지구 위의 모든 인생은 드라마를 지니고 있다. 존재 자체가 드라마인 동시에 배역이고 스토리이다. 그와 같은 관점에서 보자면 우주는 형상을 지니고 태어난 존재들이 만들어내는 스토리코스모스라고 해도 과언이 아니다. 인간은 매 순간 선택하면서 살아야 하는 존재이니 오늘 점심을 짜장면을 먹을지 짬뽕을 먹을지 고심하다가 짬뽕을 선택했다면 다른 평행우주에서는 짜장면을 먹고 살아가는 다른 나의 스토리가 펼쳐진다는 것이다. 누구도 이걸 증명하지 못하고 이론으로만 존재하니 믿거나 말거나, 평행우주 상상력이 우주보다 더 무궁무진하게 펼쳐지고 있는 게 사실이다.

　나도 소설가로서 오랫동안 이 분야에 관해 공부하고 사유하며 문학적 활용 가능성을 모색해 왔다. 평행우주가 어차피 증명할 수 없는 상상력 게임장이라면 그것을 탁월하게 활용하고 응용할 수 있는 사람은 과학자가 아니라 예술가일 것이다. 외계행성에서 온 소녀와 지구의 주인공이 소설 속에서 나누는 다음과 같은 대화도 모두 소설적 상상력의 산물인 것이다.

"나는 순수한 절대 에너지 상태로 존재하기 때문에 특정한 형상을 필요로 하지 않아요. 하지만 필요에 따라 특정 행성의 물리적 진동에 맞춰 물질적 형상을 나타낼 수 있어요. 당신을 만나기 위해 3차원 지구의 환경적인 요소들을 이해하고 소통과 교류를 위해 사전 준비를 하기도 하죠. 나는 여러 차원을 옮겨 다니며 다양한 견인학습을 진행하기 때문에 오랜 동안 고차원의 진동 속에서 수련을 받아왔어요. 때문에 지구처럼 왜곡된 진동 속에서도 별달리 장애를 느끼지는 않아요. 이런 문제를 이해하려면 모든 물리적 현상의 배후에 있는 진동 원리를 이해해야 하지만 눈에 보이지 않는 극미 세계의 인과 법칙을 지구인들이 이해하지 못하기 때문에 설명을 해도 도저히 이해하기 힘들죠. 모든 물질적 형상에는 초의식적 지성이 관여되어 있고 물리적 우주는 지성과 질료의 결합이에요. 의식에너지가 물질을 만들고 그것이 다시 의식에너지로 돌아가는 패턴이 우주적인 윤회 방식이죠. 그와 같은 패턴 때문에 이 우주에 죽음이란 개념은 존재하지 않아요. 오직 인간들만 그것을 믿고 그것에 갇혀 살 뿐이죠."

"그렇게 소모적인 윤회 방식이 왜 필요한 거지? 물질이 좋으면 물질로 존재하고 의식에너지가 좋으면 그걸로 존재하면 끝이잖아. 왜 그렇게 자꾸 왔다 갔다 하는지 도무지 이해를 할 수 없어."

"3차원의 내부 우주에 대해서만 말하자면 물질이 진화의 도구이기 때문에 그런 거예요. 하지만 3차원 우주 밖의 외계 우주까지 모두 그런 건 아니에요. 적어도 3차원의 내부 우주에서는 물질을 통한 진화 학습을 위해 모든 사람에게 인생이라는 스토리 프로그램이 주어져요. 물질세계에서 인생 프로그램이 진행되는 동안 인간의 의식은 지속적으로 프로그램 데이터베이스에 연결돼 있어요. 현실 의식이 그것을 전혀 눈치채지 못하고 있을 뿐이죠."

(박상우 장편소설, 『비밀 문장』)

인간들이 살아가는 세상에는 참 많은 계(界)가 존재한다. 사람이 만들어놓은 경계가 무수한 계를 낳아 동물계, 식물계, 인간계가 확연히 구분된다. 사람 사는 세상도 각각 경계가 이루어져 노동계, 실업계, 재계, 미술계, 음악계, 영화계, 문학계, 언론계, 교직계 등등으로 나뉜다. 그것이 모여 세계를 이루니 사람들은 자신이 살아가는 눈에 보이는 세상을 현상계라고 부른다.

계와 계가 경계를 만들어 사람과 사람 사이에는 갈등과 쟁투가 끊이지 않는다. 사람은 모두 자신이 속한 계가 세상의 중심이라고 생각한다. 모든 계가 서로 맞물려 에너지 연동이 일어나고 있으나 오직 자신이 속한 계만 존재하는 듯이 행동하기 때문이다. 자신이 속한 계만 앞세우면 드넓은 세상과의 소통과 화합에 근원적인 한계를 노출한다. 반대로 경계를 갖지 않으면 거칠 것이 없고 구애받을 게 없다. 경계를 갖지 않는 건 모든 존재를 '하나'로 인식하는 것이다.

 평행우주에 다른 '나 들'이 존재한다 해도 이상하게 생각할 필요가 없다. 온 우주의 모든 존재가 나와 에너지 상으로 연동하는 '또 다른 나 들'이기 때문이다. 우주 전체의 에너지장은 하나로 연결되고 동시에 연동한다. 요컨대 평행우주는 헤아릴 수 없이 많은 다른 우주의 존재들을 타자로 분별하기 위한 인식이 아니라 우주의 모든 존재가 하나라는 걸 인식하는 깨어남의 방정식이 되어야 한다. 그래야 평행우주론이 '모든 것의 이론The theory of everything'으로 자리 잡고, 그것은 또한 '지금, 이곳'에서 힘겨운 인생 드라마를 펼쳐나가는 3차원 존재들의 근본 인식으로 심화될 것이기 때문이다. 모든 우주에 적용 가능한 모든 것의 이론, 그것이 바로 사랑이니까.

탈출하고 싶으면 빨간 알약을 먹어라

플라톤의 동굴 이야기는 그의 저서 『국가론』 10권 중 7권에 나오는 유명한 비유이다. 『국가론』은 플라톤이 43세 때 아카데미를 세워 제자를 교육하고 철학과 저작에 몰두하던 시기에 쓰인 그의 대표적 저작 중 하나이다. 그는 이 책에서 주인공 소크라테스를 통해 정의에 대해 논하고 철학자들이 다스리는 이상 국가를 그린다.

플라톤은 소크라테스를 스승으로 두고 아리스토텔레스를 제자로 둔 행복한 철학자였다. 그의 스승인 소크라테스는 책을 단 한 권도 쓰지 않았지만 플라톤은 많은 저술을 남겼다. 플라톤이 없었다면 오늘날 소크라테스의 존재는 역사의 행간에 파묻혀 인구에 회자되지 않았을 것이다. 아무려나 플라톤의 많은 저술 중 동굴의 비유는 너무나도 유명한 이야기이지만 그것에 대한 해석이 저마다 다르게 나타나는 것은 그것이 비유의 형식을 취하고 있기 때문일 것이다. 먼저 플라톤의 동굴 이야기를 들어보자.

깊은 동굴이 있다. 그 동굴 속에는 사람들이 묶인 채, 동굴의 벽만을 볼 수 있다. 동굴의 입구에는 불을 피워 놓아 동굴 안에 있는 사람들이나 물건들의 그림자가 벽에 아른거린다. 어릴 때부터 동굴 안에 묶인 채로 자랐던 사람은 물건도 사람도 제대로 본 적이 없다. 그래서 사람과 물건이 실제로 어떻게 생겼는지 전혀 모른다. 그들은 동굴 벽에 비친 그림자가 실제 모습이라고 생각한다.

그러던 어느 날 동굴 속에 묶여 지내던 한 사람이 동굴 밖으로 풀려나게 되고 동굴에서 나온 사람은 빛 때문에 눈이 부셔서 아무것도 볼 수 없다가 시간이 지나 동굴 밖의 모습을 하나하나 알아보게 된다. 그리고 그가 지금까지 보았던 그림자와 지금 그가 보고 있는 실제 물건을 하나하나 비교하게 된다.

동굴 밖을 관찰한 사람은 다시 동굴 안으로 돌아간다. 그는 동굴 안의 어둠에 다시 익숙해질 때까지 넘어지고 벽에 부딪히기도 하여 동굴 사람들에게 조롱을 받기도 한다. 그는 동굴 안의 사람들에게 진실을 전파해도 사람들은 그의 말을 믿지 않고 그를 이상한 사람으로 취급한다. 자신들이 알고 있는 동굴만이 유일무이한 실재 세계라고 믿기 때문이다.

플라톤의 비유를 설명할 때 이해를 돕기 위해 그림이 제공되는 경우가 많다. 하지만 나는 아주 간단히 그것을 현대의 극장에 비유하고 싶다. 평생 극장 안에만 갇혀 사는 죄수들은 어릴 때부터 스크린에 비쳐지는 영화만 보고 자라 그것이 실제 세상이라고 믿는다. 그런데 어떤 죄수 하나가 슬그머니 극장을 빠져나와 눈부신 바깥세상을 목도하고 충격을 받게 된다. 실제 세상이 극장 밖에 있다고 그가 돌아와 소리치자 극장 안의 죄수들은 그가 돌았다며 그를 죽이려 한다. 끝.

동굴 이야기는 지금 우리가 살고 있는 세상의 모든 것은 실재가 아니라는 것, 요컨대 실재(이데아)가 다른 곳에 있다는 것을 일깨우는 게 얼마나 어려운 문제인가를 일깨우는 비유이다. 플라톤의 스승이었던 소크라테스가 바로 그와 같은 정황으로 사약을 받고 죽임을 당했다는 것도 비유 해석의 한 근거가 된다. 뿐만 아니라 플라톤 철학의 핵심이라 할 수 있는 이데아idea도 역시 동굴의 비유와 직결된다. 동굴의 그림자가 현상계라면 실재인 이데아는 형상계에 있다는 말이다. 요컨대 지금 우리가 살고 있는 이 세상은 실재가 아니라 비실재이며 이곳의 삼라만상은 형상계의 그림자에 불과하다는 말이다. 예를 들자면 이 세상에 아름다운 현상들은 많지만 아름다움 그 자체의 형상(이데아)은 없다는 말이다.

우리가 사는 세상이 실재계가 아니라는 인식의 근원은 힌두교에 뿌리를 두고 있다. 우리가 사는 물질우주를 2차 현실로 보고 현상계는 덧없는 마야maya(환영)이며 브라만이 그 환영의 창조자라고 가르친다. 우리가 흔히 말하는 이승과 저승의 이야기도 두 세계론two-worlds theory과 맥을 이루고 있다. 문제의 핵심은 우리가 현실이라고 굳건히 믿고 사는 지금 이곳—플라톤의 동굴, 마야, 이승—이 현실이 아니고, 실재가 아니고, 실체가 아니라는 데 있다.

플라톤의 동굴 이야기를 영화 '매트릭스'와 견주는 견해도 있다. 1999년을 살아가는 평범한 회사원 네오 앞에 나타난 모피어스는 실제 세계는 1999년이 아니라 2199년이라는 믿을 수 없는 말을 전한다. 인공지능을 지닌 컴퓨터가 지배하는 지구, 인간들은 뇌에 주입된 매트릭스에 갇힌 채 인큐베이터 안에서 사육되고 있다. 거기서 가상세계와 실재 세계를 선택하는 파란 알약과 빨간 알약이 등장한다. 플라톤의 동굴에서 빠져나와 빛을 보고 돌아간 존재는 빨간 알약을 먹고 실재 세계를 보고 온 선각자이다. 뿐만 아니라 매트릭스에 갇힌 인류를 구원하려다 죽음의 위기에 처하게 되는 네오의 1대 조상이다.

우리가 사는 현상계가 한낱 그림자에 불과하다고 판단하고 이데아가 존재하는 형상계가 따로 있을 거라고 예견했던 플라톤의 사유는 현대의 과학에 이르러 홀로그램 우주론의 원조가 된다. 이 부분을 떠올릴 때마다 나는 매번 플라톤이 단순한 철학자가 아니었음을 되새긴다. 그가 철학자, 저술가, 교육가였을 뿐만 아니라 대단한 이론 물리학자였다는 생각이 들기 때문이다.

인간의 두뇌가 홀로그램 우주 속에 감추어진 홀로그램이라는 물리학자나 신경생리학자의 견해는 플라톤이 제시한 동굴의 비유와 맥락을 같이 하고 있다. 동굴 속의 죄수들이 동굴 벽에 비친 그림자를 실재하는 현실이라고 믿고 사는 것처럼 우리 일상 속의 감각적인 현실이 사실은 홀로그램과도 같은 일종의 환영이라는 주장이다. 더 심각한 것은 우리가 홀로그램을 '보는' 존재가 아니라 홀로그램의 '일부'라는 과학적 견해이다.

진실은 이미 수천 년 전부터 설파되어 왔다. 현대 과학이 우주를 '뇌의 감옥'이라고 칭하는 것은 동굴 비유의 언어적 변형일 뿐이다. 힌두교의 마야, 불교의 색즉시공 공즉시색色卽是空 空卽是色을 넘어 21세기의 과학적 인식은 3차원 우주가 홀로그램 가상현실이며 우리가 홀로그램의 일부인 아바타avatar(분신)라는 자각에까지 이르고 있다. 지금 이곳이 실재계가 아니고 비실재계라면 우리는 무엇을 위해 지금 이곳에서 날이면 날마다 앙앙불락하며 살고 있는 것일까.

우리는 우주의 근본과 본질에 대해 심각하게 잘못된 이해를 하고 있는지 모른다. 만약 실재계에서 3차원 우주를 가상현실로 투사하고 있다면 거기에는 분명한 의도가 내재해 있을 것이다. 우리가 24시간 단위로 수평으로 누워 자고 수직으로 일어나 활동하는 일을 늙어 죽을 때까지 되풀이하는 게 학습 원리를 재현하는 것이라면 그 기획에는 우리를 가르치고 일깨우려는 분명한 의도가 깃들여 있을 것이다.

똑같은 우주, 똑같은 세상을 사는 것 같지만 각자에게 펼쳐지는 우주는 천차만별하게 다르다. 서로 다른 인생 프로그램, 서로 다른 인생 배역 연기의 목적은 어둠과 무지가 가득한 동굴을 빠져나가 빛으로 충만한 실제 세상을 인지하는 것, 레오처럼 빨간 알약을 먹고 현실이라고 믿어온 매트릭스의 허구성을 자각하는 것, 부처가 설파한 해탈解脫의 경지에 도달하는 것, 예수처럼 십자가를 통해 구원과 부활의 의미를 회복하는 것이다.

그 모든 것들은 우리가 지금 깊은 잠, 깊은 꿈속을 헤매고 있다는 걸 역으로 강조하는 사례들이다. 금전과 명예와 권력과 외모 지상주의의 미망에 빠져 허우적거리는 지구인들의 그림자가 어른거리는 21세기의 동굴은 플라톤의 동굴과 근본적으로 다를 게 없다. '깨어나라'는 말도 이제는 고리타분하다. 치열하게 좀 더 적극적으로 자신을 던져버릴 필요가 있다. 그러지 않고서는 이 끔찍한 가짜 동굴로부터 평생 탈출할 수 없기 때문이다.

탈출하고 싶으면 빨간 알약을 먹어라!

액을 피하고 싶은가, 액을 부르고 싶은가

내가 생각하는 인생의 성공은 단순하고 자연스러운 생물학적 삶에 머물지 않고 일정한 정신적 육체적 시련을 거친 뒤에 뭔가를 깨닫고 정신적으로 다시 태어난 상태를 의미한다. 성공한 인생의 진정한 개념이 돈이나 권력, 명예가 아니라 정신적인 측면에서의 신생新生으로 이루어진다고 믿기 때문이다.

시련을 거친 뒤에 정신적으로 다시 태어난 사람들은 다른 가치 체계, 다시 말해 세속적인 부귀보다 정신적인 만족을 우선시하고 자신보다 타인들과의 관계성을 훨씬 중요한 덕목으로 생각한다. 그래서 지게로 짐을 져 나르면서도 누군가 자신을 필요로 한다는 사실에 감사하며 기쁜 마음으로 구슬땀을 흘릴 수 있는 것이다. 그것도 모자라 날품을 팔고 품삯으로 받은 돈을 홀몸노인과 소년소녀 가장을 위해 기꺼이 쾌척할 수 있는 것이다.

그런 사람들은 '시련'이라는 독특한 인생 프로그램을 통해 세속적 가치를 초월할 수 있는 의식적 변모가 이루어졌다고 봐야 한다. 우리 주변에는 무명씨로 살며 그런 인생 프로그램을 거친 뒤에 묵묵히 자신에게 주어진 일을 해나가는 사람들이 의외로 많다. 시련 프로그램을 거친 뒤에 인생이 달라진 사람들, 요컨대 정신적으로 다시 태어난 사람들이 의외로 많다는 말이다.

나에게도 자살을 생각해야 할 만큼 힘겨웠던 인생의 시련기가 있었다. 그때는 그것이 너무나도 견디기 어려워 신은 왜 나에게 이런 시련을 주는가에 대해 엄청난 원망을 했었다. 하지만 지금 돌이켜보면 그런 시련의 과정이 없는 오늘의 나를 상상할 수 없다는 건 참으로 드라마틱한 인생의 아이러니가 아닐 수 없다. 세월이 흐른 지금도 그것이 내가 스스로 선택하고 원한 트레이닝 코스였다는 생각이 확신처럼 뚜렷해지는 건 인생에서 그 시기보다 강렬한 배움을 얻었던 적이 없었기 때문이다. 그 혹독한 시련의 터널을 관통하는 동안 나는 오직 몇 개의 문장만을 비수처럼 가슴에 품고 버텼다. 그것이 맹자의 고자장告子章에 나오는 글귀였다.

> 하늘이 장차 그 사람에게 큰일을 맡기려 하면
> 반드시 먼저 그 마음과 뜻을 괴롭게 하고
> 근육과 뼈를 깎는 고통을 주고
> 그 생활은 빈곤에 빠뜨리고 하는 일마다 어지럽게 한다.

그 이유는 마음을 흔들어 참을성을 기르게 하기 위함이며 지금까지 할 수 없었던 일을 할 수 있게 하기 위함이다.

天將降大任於斯人也 必勝勞其心志 苦其筋骨 餓其體膚
窮乏其身行 拂亂其所爲 是故動心忍性 增益其所不能

세상에는 시련을 극복하고 정신적으로 다시 태어난 사람들, 다시 말해 성공한 사람이 많다. 시련은 실패를 담보로 하기 때문에 성공한 사람들은 한결같이 실패를 두려워하지 말라고 말한다. 실패는 만회할 수 있어도 포기는 만회할 수 없다는 걸 그들은 터득했기 때문이다. 하루하루가 힘든 삶은 높은 곳을 향하는 과정이고 하루하루가 편안하고 안정된 삶은 골짜기를 향하는 과정이라고 경고하기도 한다. 때로 탄탄대로를 걷기도 하지만 그런 길을 오래 걷는 사람이 없다는 걸 그들은 깨달은 것이다.

티베트의 승려들은 마음이 평안할 때 액厄을 부르는 기도를 한다. 평안은 정신적 진동을 일으키지 않아 영적 성장이 멈춘 상태라고 판단해 액을 부르는 기도를 간절하게 한다고 하니 액을 쫓기 위해 돈을 주고 부적을 만들어 몸에 지니고 다니는 우리네 풍습과는 달라도 너무 다르게 느껴진다. 한쪽은 액을 불러 영적 성장을 추구하는 부류, 한쪽은 액을 쫓아 영적 진화를 포기하는 부류가 아닌가.

시련을 거쳐 정신적으로 다시 태어난 사람들은 종국에 모나지 않고 원만圓滿한 사람이 된다. 원만한 사람이란 이기심도 쟁투심도 스러져 원圓처럼 온전한 심성을 지니게 된 사람을 일컫는 말이다. 하지만 그와 같이 모나지 않은 심성이 되기 위해 원만한 사람이 감내했을 내출혈을 사람들은 감히 상상하지 못한다. 모난 곳한 군데 없는 완전한 원은 무한 정삼각형의 꼭짓점들이 모여 만들어진 것이다. 한없이 날카로워 보이는 정삼각형 꼭짓점의 무한 합집합이 조성해낸 원, 그리고 무수한 내적 상처를 극복하고 마침내 인격적으로 완성된 원만한 사람 사이에는 혹독한 시련 프로그램이 내재해 있다. 그래서 사람들은 인생을 살아가며 유행가 가사처럼 랭보의 시구를 입에 올리곤 한다.

상처 없는 영혼이 어디 있으랴.

역사를 통틀어 시련을 극복하고 인생의 성공을 이뤄낸 사람은 헤아릴 수 없이 많다. 그들이 곧 인간 은하계의 빛나는 성좌들이다. 그 빛나는 성좌 중 하나를 꼽아 사례로 삼고자 하니 동서를 막론하고 세계적인 고전으로 손꼽히는 『사기史記』의 저자 사마천司馬遷이 절로 떠오른다. 130편 52만 6천5백 자에 달하는 사기를 20년 동안 혼신을 다해 완성한 사마천의 집념은 전적으로 시련 프로그램 덕택이었다 해도 과언이 아니다. 시련을 통해 더욱 단련되고, 시련을 통해 기적 같은 결실을 이루어낸 것이다.

사마천은 아버지 사마담司馬談으로부터 어린 시절부터 고전 문헌을 배웠다. 그의 집안은 대대로 사관을 지낸 사마 가문의 후손으로 아버지 사마담은 천체를 관측하여 역을 만들고 문헌이나 기록을 관리하는 태사령이었다. 사서 편찬 계획을 지니고 있던 아버지 밑에서 사마천은 어린 시절부터 역사기술에 필요한 소양을 키워갔다. 그 결과 기원전 110년, 아버지 사마담이 죽고 사마천이 태사령에 올랐다.

사마천은 아버지의 유언에 따라 역사서를 집필하기로 결심하고 자료를 모으기 시작했다. 그리고 기원전 104년부터 본격적으로 저술에 착수했다. 하지만 그는 공교롭게도 흉노의 포위 속에서 부득이 투항하지 않을 수 없었던 이릉李陵 장군을 변호하다 무제의 노여움을 사 감옥에 갇히고 말았다.

1년 후 사마천에게 세 가지 형벌 중 하나를 고를 권리가 주어졌는데 세 가지 모두 기막힌 것들이었다. 첫째, 법에 따라 주살될 것. 둘째, 돈 50만 전을 내고 죽음을 면할 것. 셋째, 궁형宮刑(죄인의 생식기를 없애는 벌)을 감수할 것.

죽을 수도 없고 50만 전이나 되는 돈도 없어 사마천은 결국 궁형을 택할 수밖에 없었다. 남자로서는 죽음에 못지않게 치욕스러운 일이었지만 사마천에게는 『사기』 저술을 위해 피할 수 없는 선택이었다. 목숨을 이어가기 위한 구차한 행위가 아니라 대의를 완수하기 위한 발분發憤 의식의 소산이었던 것이다.

사마천은 옥중에서도 저술을 계속했지만 환관宦官이 된 뒤에는 사대부들의 멸시를 받아 운신의 폭이 자유롭지 못했다. 하지만 그와 같은 온갖 시련을 견디며 그는 마침내 본기本紀 12권, 연표年表 10권, 서書 8권, 세가世家 30권, 열전列傳 70권 모두 130권 52만 6천 5백 자에 이르는 방대한 분량의 『사기』를 완성했다. 그런 시련의 과정을 거쳐 동양뿐 아니라 세계의 고전으로 손꼽히는 『사기』가 완성되고 사마천은 위대한 사성史聖이 되었다. 『사기』를 완성하고 2년이 지난 뒤에 파란만장했던 인생을 마감했으니 사마천의 인생과 시련을 어떻게 분리해서 생각할 수 있으랴.

『사기』와 같은 훌륭한 결과물이 있어서 사마천의 시련이 특별히 존귀해지는 것은 아니다. 정신적 가치란 물질적 결과에 구애받는 게 아니기 때문이다. 남들이 하기 싫어하는 일을 내가 아니면 누가 하랴, 하는 마음으로 기꺼이 껴안고 나아가는 사람들이 우리 주변에는 얼마나 많은가.

요컨대 시련을 두려워하는 인생은 스스로 움츠러들어 세상에 쓰임새가 없어진다. 세상에는 시련 프로그램의 자기 단련 과정을 거쳐 높은 곳으로 나아가는 부류와 그것을 기피하며 안일하고 나태한 삶의 늪지대로 가라앉아가는 부류가 있다. 우리가 죽은 뒤에도 세상에 남길 수 있는 가치의 덕목이 있다면 그것이야말로 철저히 시련이라는 리트머스 시험지를 거친 것들일 터이다. 시련의 반대편에 어째서 유혹이 도사리고 있겠는가, 곰곰 생각해볼 일이다.

어디로 가야 할지 머리로 고뇌하는 인간의 형상

운동의 종류 중에 도道가 붙은 종목들이 있다. 예를 들자면 태권도, 합기도, 유도 같은 것들. 뿐만 아니라 차를 마시는 예법을 일컫는 말도 다도茶道라고 한다. 도를 닦는 사람들이 있고 도를 얻어 득도했다는 사람들이 있고 도인이라 불리는 사람들이 있다. 사람들은 단순하게 한자어 '道'를 길이라고 생각하는데 그 쓰임은 의외로 복잡하고 광범위하다.

국어사전에는 도의 의미가 '마땅히 지켜야 할 도리', '종교적으로 깊이 깨우친 이치나 경지', '무술이나 기예 따위를 행하는 방법'이라고 나와 있다. 사전적 해석이 너무 간략해서 편의점에 진열된 인스턴트식품 같다는 생각이 든다.

도교의 본고장인 중국에서 생성된 상형문자 道의 의미는 단순하지도 않고 간결하지도 않다. 머리 수首+책받침辶으로 이루어진

道에서 '책받침'은 '십자로+발足'의 형상을 합한 의미라 하니 길을 가리키는 도는 여러 갈래의 갈림길에서 어디로 가야 할지 머리로 고뇌하는 인간의 형상을 그린 것이라고 보아야 할 것이다.

상형문자의 의미야 어떻든 중국에서 도는 수천 년 전부터 최고의 선善, 무상無上의 진리로 자리 잡았다. 물론 노자와 장자의 역할이 지대했으나 도라는 무형의 가치가 중국의 정신 사상에 중요한 본류로 자리매김했기 때문이다.

도가에서 말하는 도가 우주적인 범주를 지닌 것이라면 공자로 대표되는 유가의 도는 인간의 도리를 앞세운 인류의 범주를 지닌 것이었다. 노자와 장자가 도에서 만물이 이루어지고 그것이 운용되는 과정에 관심을 보이면서 초월지超越智를 이상적인 것으로 제시한 반면 공자는 도가 인간에 의해 창조되고 이루어질 수 있는 것으로 보았다. 그래서 "사람이 길을 넓힐 수 있는 것이지 길이 사람을 넓힐 수 있는 것은 아니다人能弘道 飛刀弘人"라고 가르쳤다. 주희朱熹는 "도란 모든 사물의 당연한 이치事物當然之理를 이름이요, 사람들이 공통으로 말미암아야 할 길이다"라고 주석하였다.

도에 관한 한 우리말에서는 '도를 닦는다'는 말이 가장 많이 사용되고 있다. 누군가 외출을 삼가고 집에만 머물면 전화를 걸어 "도 닦냐?"하고 물을 정도이다. 하지만 사람들에게 물으면 '도'에 대해서도 '닦는다'는 표현에 대해서도 정확한 의미를 말하지 못한다. 도의 의미도 애매하지만 그것을 '닦는다'고 표현하는 이유도 모호하기는 마찬가지이다. 하지만 우리가 사용하는 일상용어 중에는 道 자 붙은 말들이 정말 많다. 태권도, 유도, 합기도, 주도, 다도…… 도사, 도리, 도승, 도인, 도덕 등등. 단어들을 자세히 보면 갈고닦아야 할 분야나 갈고닦는 사람들 혹은 갈고닦는 일을 가리키는 경우가 많다.

道 자가 붙은 어휘들의 공통점은 무엇일까. 단 한 가지, 자세를 중시한다는 점이다. 그것이 태권도라면 태권을 대하는 자세가 곧 태권도이다. 이때의 도는 물론 육체적 자세에 국한되지 않고 정신적 자세까지 포함된다. 유도, 합기도, 주도, 다도처럼 세분화된 도가 많지만 그 모든 것을 통틀어 인간의 자세, 인생의 자세로 환원하면 도는 순간적으로 의미를 바꿔 나와 너, 그리고 우리의 문제가 된다.

인생의 도는 무엇인가.

우리가 하루하루 인생을 살아가는 것은 길을 가는 것과 하등 다를 게 없다. 길을 가는 것이니 당연히 도리道理를 지키고 살아야 한다. 하지만 그것을 지키고 산다는 게 말이나 생각처럼 쉽지 않다. 누가 몰라서 안 하나, 그것을 실천하기 어렵기 때문에 못 하는 것이다. 그래서 인생의 도는 날마다 닦아야 한다. 날마다 닦지 않고 방치하면 자신도 모르는 사이 녹이 슬고 부식해버려 폐기처분

해야 하는 지경에 이르게 된다. 우리 주변을 둘러보면 그렇게 방치당한 채 녹이 슬고 부식되어 가는 피폐한 심신이 얼마나 많은가. 남이 아니라 나부터 돌아보아야 할 것이다.

우리가 태양계의 한 행성 지구에 태어나는 순간부터 우리는 일정한 한계에 갇히게 된다. 육체의 한계, 뇌의 한계, 생명의 한계. 결국 그것은 죽어야 풀린다. 그것이 지구인의 운명이다. 물리적으로 설명하면 더 섬뜩해진다. 우리는 중력에 매달려 있고 육체의 분자구조는 전자기장의 절대적 영향을 받고 있다. 인간만 그런 게 아니다. 지구는 태양을 따라 돌고, 지구가 속해 있는 태양계는 은하수를 따라 돌고 있다. 우주 만물이 이와 같은 형상으로 뭔가에 갇혀 있거나 매달려 돌고 도는 것이다. 우주 공간의 숱한 행성들이 묶어 놓은 사슬이 있는 것도 아닌데 정확한 반복 구조를 되풀이하는 것이다. 이 얼마나 신기한 일인가.

우리는 세상에 태어나 죽는 날까지 다람쥐 쳇바퀴 돌듯 24시간 단위의 하루살이를 반복한다. 엄마 뱃속에서 나와 수평으로 누워 있던 아이가 수직으로 자라 성년의 전성기를 보낸 뒤 늙고 병들면 다시 수평 상태가 되어 생명을 마감한다. 아침에 눈을 떴을 때 수평으로 잠자리에 누워 있던 사람은 잠에서 깨자마자 수직으로 일어나 하루 종일 자신에게 주어지는 미션에 시달리다 밤이면 집으로 돌아와 다시 수평으로 눕는다. 하루를 늘이면 평생이 되고 평생을 압축하면 하루가 된다. 한평생 2만 5천~3만 번 정도의 수평-수직적인 하루살이를 되풀이하면서 우리는 지구에 와서 도대체 무슨 일을 하는 것일까.

 세상에 똑같은 인생을 사는 사람은 아무도 없다. 모든 지문이 다르듯 저마다 다른 인생을 살면서 저마다 다른 학습 과정을 되풀이하는 게 인생이다. 시간만 때운다고 절로 인생이 성취되는 것도 아니다. 무수한 선택, 무수한 성공과 실패, 무수한 희망과 좌절을 겪으며 우리는 무엇인가가 되어 가고 있다. 그 무엇이 무엇인지 마지막 순간까지 알지 못하지만 그러면서도 무엇인가가 되기 위해 부단히 갈고닦는다. 살아가는 하루하루, 살아 있는 순간순간이 모두 도의 밑거름이 되는 것이다.

 삭발하고 출가하는 사람만이 도를 닦는 게 아니다. 죽을 각오로 히말라야 설산에 가서 도를 닦아야만 해탈에 이르는 게 아니다. 아침저녁 출퇴근을 위해 콩나물시루 같은 전동차와 버스 안에서 짓이겨지면서도 우리는 도를 닦아야 한다. 거창한 목표를 지닌 특별한 사람만이 도를 닦는 게 아니라는 말이다. 지금은 21세기, 이제는 도를 닦는 방식도 세상에 걸맞게 바뀔 필요가 있고 그것을 누구나 실용적으로 받아들일 필요가 있다. 요컨대 밖이 아니라 안, 거대하고 거창한 것이 아니라 미미하고 세세한 것에서 도가 실현되어야 하는 것이다.

 아침마다 양치질을 하면서 잡생각에 시달리지 말고 마음속으로 '양치도'를 되뇌어보라. 자신도 모르게 욕설이 튀어나오는 운전을 할 때마다 '운전도'를 되뇌어보라. 밥알을 씹는 것인지 모래를 씹는 것인지 모른 채 식사를 할 때는 '식사도'를 되뇌어보라. 황망하게 몸을 부리지 말고 걸음을 걸을 때는 '보행도'를 되뇌어보라. 누군가를 만나 대화를 나눌 때는 나를 앞세우지 말고 상대방의 말에 귀 기울이며 '대화도'를 되뇌어보라. 휴식을 취할 때도 멍하니 백일몽에 빠져 있지 말고 내면을 들여다보며 '휴식도'를 되뇌어보라. 화가 치밀어 올라 숨이 거칠어지면 호흡에 집중하며 '호흡도'를 되뇌어보라.

그 모든 것이 지금 이 순간, 나의 존재에 집중하고 망상과 잡념에 시달리지 않기 위해서이다. 그렇게 매 순간 자신에게 집중하는 게 도를 닦는 것이고, 나를 닦는 것이고, 인생을 닦는 것이다.

장자는 도행지이성道行之而成이라는 표현으로 도의 진정한 의미를 설파했다. '길은 걸어가야 만들어지는 것이다'라는 뜻이니 우리가 하루하루 살아가는 길이 곧 도가 된다는 의미이다. 이렇게 살아라 저렇게 살아라 하는 말에 휘둘리지 말고 마음이 가는 길을 도의 이정표로 삼으라는 가르침일 터이다. 내가 가야 길이고 내가 닦아야 도가 아니겠는가.

우리는 극복하는 자인 동시에 극복되는 자이다

흔히 21세기를 '생명의 시대'라 부른다. 현대의 연금술이라고 불리는 생명공학과 생명과학에 대한 기대감이 고조되고 고령화 사회가 현실이 되면서 생명에 대한 관심은 폭발적으로 늘어나고 있다. 그것을 반영하듯 '생명'을 앞세운 보험이 우후죽순처럼 생겨나 사람들을 현혹하고 있다. 생명의 단절에 대한 대비와 생명의 연장에 대한 대비로 보험이 필요하다는 주장이다.

그렇게 생명에 대한 관심이 급증하지만 인류는 아직 생명의 배경과 근원, 그것의 궁극적 지향성에 대해 명쾌한 답을 얻지 못한 상태이다. 뿐만 아니라 생명공학이나 생명과학은 생명의 진화, 분화, 조작, 소멸 등의 문제를 낙태, 안락사, 배아줄기 세포 확보와 연관하여 진정한 생명론적 세계관에 대해 배타적인 입장을 보이는 것도 사실이다. 예컨대 "생명은 그다지 값어치가 없다. 적절한 영양분만 주어지면 급속도로 성장한다"는 식으로 생명을 증식기계나 사육대상으로 보는 일부 과학주의자들도 존재하는 것이다.

생명에 대해 가장 진지한 과학적 사유를 했다고 인정받는 에르빈 슈뢰딩거의 『생명이란 무엇인가』라는 저작이 완성된 지도 어느덧 80년의 세월이 지났다. 1933년 노벨 물리학상을 받은 이론물리학자 슈뢰딩거는 1943년 2월 아일랜드 더블린 트리니티 칼리지에서 행한 강연을 기초로 그 책을 저술했다. 슈뢰딩거의 저작은 유전학이 제대로 자리를 잡기 이전의 책이라 오늘날의 관점에서 보면 잘못된 부분도 있지만 생명에 대한 탐구에 있어서 근본적인 성찰을 제공하면서 DNA 발견과 그에 따른 분자생물학의 탄생에 결정적 역할을 했다는 평가를 받았다.

슈뢰딩거는 유전자야말로 생물 세포의 핵심적인 성분이며 유전자를 이해하면 생명현상을 이해할 수 있다는 주장을 펼치며 통계물리학과 양자물리학을 사용해 생명의 신비를 풀고자 했다. 하지만 과학적이면서도 철학적인 문제 제기에도 불구하고 실마리를 찾고자 하는 노력과 사유에 그칠 뿐 궁극적인 답을 얻지는 못했다. 생명이라는 유기체 내부의 시간과 공간 속에서 일어나는 일들을 설명할 수 없다는 사실을 확인했을 뿐이다.

생명에 대한 인류의 탐구는 그 뿌리가 깊다. 역사적으로 가장 오래된 생명에 대한 관점으로 생기론生氣論이라는 것이 있다. 간단히 요약하자면 생명체와 비 생명체는 완전히 다른 재료로 만들어졌다는 관점이다. 하지만 이와 같은 관점은 진화론의 대두로 종말을 맞았다. 진화론은 무생물에서 생물이 탄생하는 것을 기정사실로 인정했기 때문이다.

생기론 이후에 득세한 것이 생물 기계론이다. 우주 삼라만상을 신이 창조한 기계 장치에 비유한 데카르트를 대표적인 예로 들 수 있지만 기계론적 사고에 바탕을 둔 자연과학은 16~17세기의 선구적 과학자들을 사로잡았다. 이와 같은 기계론적 사고는 생물학과 의학의 발전에 엄청난 기여를 했다. 오늘날 생화학과 유전학, 분자생물학 등이 급속하게 발전하게 된 것도 결국 기계론적 사고 덕분이라고 해야 할 것이다.

생기론과 기계론의 대립은 20세기에 들어 유기체론system theory으로 전환점을 맞게 된다. 생물체를 하나의 시스템으로 정의하는 유기체론은 1937년 오스트리아 이론 생물학자 베르탈란피L. v. Bertalanffy에 의해 창시된 것으로 하나의 시스템은 상호 연관되는 각 요소들에 의해 구성된 통일체로 보는 입장이다. 유기체론은 세계의 현상들은 상호 연관되어 있으며, 사회와 생태계와 같은 조직체는 모두 살아 있는 시스템으로 파악한다. 하지만 생기론이나 기계론과 마찬가지로 유기체론도 역시 생명현상의 전모를 규명하지는 못한다.

생명에 대한 인류의 탐구와 고찰은 생명의 신비를 더욱 고양시켜왔다. 생명의 신비를 자극하는 촉매제 역할은 전적으로 과학 분야에서 일어났다고 해도 과언이 아니다. '과학을 더 자세히 들여다볼수록 과학은 더 어리석고 무의미해 보인다'는 슈뢰딩거의 고백이 설득력을 얻는 지점이다.

생명의 신비와 연관된 연구를 하면 언젠가는 노벨 생리학 및 의학상 또는 화학상을 탈 수 있다는 말이 과학자들을 자극한 것인지도 모르지만 알려고 하면 할수록 더욱 모호해지는 신비 때문에 인류는 생명으로 존재하면서도 근원적인 무지와 불안으로부터 자유롭지 못하다. 과학자들은 생명을 '세포의 화학적 반응'으로 간단히 규명할지 모르지만 생명이 단지 세포에 국한된 것이라 받아들일 사람은 아무도 없을 것이다. 인간은 세포로 구성된 생명이지만 그것 말고도 자아와 정신을 지니고 있는데 어떻게 그것을 무시하고 오직 생물학적 근거만으로 생명임을 인정할 수 있단 말인가.

우리는 생명이기 때문에 생명을 평생의 화두로 품고 살아간다. 인류의 오랜 탐구에도 불구하고 생명의 전모는 끝끝내 밝혀지지 않을 가능성이 많다. 생명 자체가 우리에게는 완전하게 익숙한 것이 아니고, 매 순간 불편부당한 내적 외적 여건과 갈등하고 쟁투하며 살아간다는 점에서 그것은 낯선 학습 과제와 유사하다.

생명은 그 자체로 가치를 지니지만 자연적인 조건으로부터 존중받지 못한다. 자연에는 규범이나 교양, 문화 같은 게 없으니 자연의 피조물들은 무한 투쟁 속에서 번식하거나 소멸하고 먹거나 먹힐 뿐이다. 그럼에도 불구하고 인간인 우리는 치열한 생명 활동을 유지하며 생명으로서의 가치를 스스로 지켜나가고자 한다.

엄마의 자궁에서 잉태된 생명은 세상 밖으로 나와 수평으로 누워 있다가 수직으로 성장하고 늙으면 다시 수평으로 누워 죽음을 맞이한다. 수평으로부터 수직으로, 수직으로부터 다시 수평으로 환원하는 것이다.

인생 전체의 도식이 그러하지만 하루 단위도 마찬가지의 패턴을 지니고 있다. 아침에 잠자리에서 눈을 떴을 때 수평으로 누워 있다가 수직으로 일어나 하루 종일 세상에 나가 나름의 미션을 수행하고 밤이면 지칠 대로 지친 몸으로 집으로 돌아와 다시 수평으로 누워 충천을 위한 잠을 자는 게 인간이다.

24시간 단위로 되풀이되는 수평과 수직의 패턴은 반복-경험-학습의 시스템을 구축한다. 날마다 동일한 패턴 안에서 날마다 다른 문제로 갈등하고 고뇌하고 쟁투하며 인간은 생명 활동을 유지하는 것이다. 이와 같은 반복-경험-학습의 시스템은 보이지 않게 인류의 진화를 불러온다. 살육보다 사랑을, 독존보다 공존을, 이기보다 이타의 중요성을 깨닫게 하는 것이다. 그런 과정을 거치면 궁극에 이르러 우주의 모든 생명체가 하나의 네트워크로 연결되었음을 인지하게 된다. 모든 게 '하나'로 연결되어 있다는 걸 자각하게 되는 것이다.

우리가 생명 활동을 하는 동안 경험하는 것들이 우리의 의식을 자극한다. 경험은 신경계를 통해 인간을 변화시키기 때문이다. 그런 의미에서 우리가 살아가는 동안 의식하는 모든 것들은 아직 미숙한 것들이다. 숨을 쉬는 일, 소화를 시키는 일처럼 익숙한 것들은 무의식적으로 처리하지만 누군가와 갈등하고 쟁투하고 뭔가를 배워나가는 과정은 철저하게 의식적으로 진행된다. 그것이 경험이다.

경험을 통한 학습이 진행되는 동안 의식은 우리 자신과 불화하고 갈등한다. 하지만 그와 같은 과정을 통하지 않고 생명은 진화하지 못한다. 그러므로 불편부당하고 상대적으로 열악하다고 여겨지는 각자의 생명, 지금 이곳에서의 삶을 겸허하고 긍정적으로 받아들여야 한다. 그것이 각자의 진화를 위해 서로 다르게 배정된 생명의 미션이기 때문이다. 의식과 자신 사이에서 일어나는 불일치와 갈등을 끌어안고, 그것을 극기와 진화의 과정으로 받아들여야 하는 것이다. 그래야 진정한 생명의 경지에 이를 수 있다고 슈뢰딩거는 설파했다.

"우리는 조각품인 동시에 조각품을 깎는 끌이다. 우리는 극복하는 자인 동시에 극복되는 자이다. 정말로 삶은 끊임없는 '자기극복'이다."

오래된 가르침으로부터 깨어나라

'구하라 그리하면 받으리니'의 비밀

지하철을 타거나 좌석버스를 타고 가다 보면 가만히 앉아서 눈을 감고 있는 사람들을 자주 보게 된다. 눈을 감고 있지만 자고 있는 게 아니라는 건 의식적으로 자세를 유지하고 있다는 걸 쉽게 식별할 수 있기 때문이다. 나는 오래전부터 그런 모습을 관찰하며 그들에게 '기도하는 사람들'이라는 명칭을 부여했다. 눈을 감고 있는 그 상태가 외부에서 보기에는 단순해 보이지만 당사자는 매우 중요한 자기의식을 진행하는 중이다. 오랜 되풀이를 통해 습득한 나름의 방식으로 자기만의 성소聖所에 접속하고 뭔가에 집중하고 있는 것이다.

일상성 속에서 발견되는 은밀한 기도의 모습과 달리 사찰이나 기도 효험이 있다고 알려진 곳으로 가보면 기도에 의존하고 사는 사람들이 의외로 많다는 걸 알고 충격을 받게 될 것이다. 새벽 네 시가 되면 세상 도처에서 기도가 시작되고 그것도 부족하다고 생각하는 사람들은 철야기도까지 한다. 그런 열정과 맹신은 종교적 독실함과 무관하다. 교회나 성당을 다니는 사람 중에도 본래의 가르침과 무관하게 세속적인 복을 비는 기복 신앙인이 있고 종교가 없으면서도 종교인보다 더 많이 기도하며 하루하루를 영위하는 사람도 있다. 요컨대 개인적 기도행위는 종교와 무관하고 그것 자체로 하나의 종교성을 이루고 있는 것이다.

음으로건 양으로건 아무런 효과를 얻지 못한다면 어느 누구도 기도하지 않을 것이다. 반대로 세상에 기도하는 사람이 이렇게 많다는 건 그들이 기도를 통해 나름대로 뭔가를 얻고 있다는 반증일 터이다. 사람은 절박한 상황과 맞닥뜨리면 자신도 모르게 절로 기도하는 심정이 된다. 비행기가 추락하는 상황, 사랑하는 가족의 목숨이 위태로운 순간, 하다못해 애완동물이 아플 때에도 나약한 사람은 기도하는 심정이 된다.

합격, 승진, 복권, 사랑, 우정을 위해 기도하는 사람도 많다. 기도하는 내용이 다 이루어지지 않기 때문에 기도의 지속성이 생기는 것인지도 모른다. 비가 올 때까지 기도를 멈추지 않는 인디언 기우제처럼 인간의 갈망은 '지성이면 감천'의 보상체계를 만들어낸다. '하늘은 스스로 돕는 자를 돕는다'는 주종의 구원 체계가 아니라 인간이 자신을 스스로 도움으로써 문제를 해결하는 자기 최면의 체계가 기도인지도 모른다.

그런 의미에서 현대인에게 기도는 숨어 있는 일상이다. 표면적으로는 누구도 기도하지 않는 척하지만 내면적으로는 무엇인가를 끊임없이 갈망하고 소원하고 추구하기 때문이다. 그래서 기도는 인간의 근원적인 생명 의식과 연결되고 또한 지속된다.

기도하지만 기도하지 않는 척하는 건 세상에 대한 기만인 동시에 숨길 수 없는 자기모순이다. 기도의 일상성을 생각한다면 이것은 대단히 심각한 문제이다. 기도의 사전적 의미가 '인간보다 능력이 뛰어나다고 생각하는 절대적 존재에게 비는 일이나 그 의식'이라면 기도는 나약한 인간에게 주어진 숙명인지도 모른다.

날마다 기도하면서 기도하는 걸 숨겨야 하는 이중성, 이것이 디지털 문명을 살아가는 21세기 현대인의 한계인 동시에 비극이다. 인류가 사라지지 않는 한 기도도 사라지지 않을 터이니 이제는 그것을 더 이상 기도비닉企圖秘匿의 대상으로 삼아서는 안 될 것이다. 기도는 종교의 문제가 아니라 그저 평범하고 나약한 모든 인간의 문제이기 때문이다.

기도 행위에는 반드시 절대적 존재가 필요하다. 그래서 하나님, 예수님, 부처님, 산신령님을 불러내지만 그것은 형식 요건에 불과하다. 기도가 진정 불러내고자 하는 상대는 자기 자신일 수 있다. 하나님의 이름으로, 예수님의 이름으로, 부처님의 이름으로, 산신령님의 이름으로 기도하는 사람은 자신의 근본자아를 향해 집중한다. 그리고 자신이 간절하게 성취하고자 하는 내용을 재구성한다.

강렬한 정신적 에너지가 동원되고 갈망하는 대상에 대한 이미지 작업이 진행된다. 목숨이 위태로운 사람을 위한 집중, 시험을 앞둔 자식을 위한 집중, 사랑하는 사람을 위한 집중…… 그래서 대부분의 기도문에는 '~을 위한'이라는 지시 대상이 따라붙는다. 저 유명한 맥아더 장군의 '아들을 위한 기도'를 예로 들어보자.

> 주여, 제 아이를 이런 사람으로 키워 주소서
> 자신이 약할 때 이를 분별할 정도로 강하고
> 두려울 때 자신을 잃지 않는 용기를 가지고
> 정직한 패배에 부끄러워하지 않고 의연하며
> 승리에 겸손하고 온유할 수 있는 사람이 되게 하소서
>
> 요행과 안락의 길로 인도하지 마시고
> 곤란과 고통의 길에서 항거할 줄 알게 하시고
> 폭풍우 속에서도 일어설 줄 알며
> 패한 자를 불쌍히 여길 줄 알도록 해 주소서
>
> 마음을 깨끗이 하고 목표를 높게 하시고
> 남을 다스리기 전에 자신을 다스리게 하시며
> 미래를 지향하는 동시에 과거를 잊지 않게 하소서

유머를 알게 하시어
인생을 엄숙히 살아가면서도 삶을 즐길 줄 아는 마음과
자기 자신을 너무 드러내지 않고 겸손한 마음을 가지게 하소서

참으로 위대한 것은 소박한 데 있다는 것과
힘은 너그러움에 있다는 것을 항상 명심하도록 하소서
그리하여 그의 아버지인 저는 헛된 인생을 살지 않았다고
나직이 속삭이게 하소서

기도문에서 가장 강하게 느껴지는 건 아들의 미래를 걱정하는 기도 주체의 진실과 갈망이다. 기도가 순수한 형태의 에너지로 바뀌고 그것이 대상에게 전해질 수 있는 물리적 근거가 된다. 기도하는 마음은 인간적 나약함을 적극적으로 시인하는 마음이고 그것은 자기모순을 승화함으로써 긍정 에너지의 생성 근거를 마련한다. 요컨대 기도는 종교와 무관한 자기 정화의 과정이고 거기서 생성된 기도 주체의 순수 에너지가 기도 대상에게 전해지는 체계이다. 일종의 에너지 동조현상이다. 현대의 과학자들도 양자역학을 거론하며 조심스럽게 혹은 적극적으로 그것에 관해 언급하고 있다.

기도에는 종류가 많지만 크게 보면 나를 위한 기도, 남을 위한

기도, 모두를 위한 기도로 나눌 수 있다. 마음을 비우거나 내려놓는 명상까지 기도로 간주할 수 있지만 그것은 신아일체神我一體(God I am), 다시 말해 인간의 내면 깊은 곳에 존재하는 신성과 하나가 되기 위한 일종의 수련 과정이니 뭔가를 갈구하고 갈망하는 일상적인 기도와 차원이 다르다.

무엇이 되고자 하는 수련이건 무엇을 위한 기도이건 자신의 내면을 응시함으로써 세속적인 난마에서 벗어난다는 점에서 정신 집중은 현대인들에게 반드시 필요한 자기 치유의 덕목이 될 수 있다. 하다못해 '불평과 시비 대신에 사랑과 평화로 채우시어 직장이 하늘나라 되게 하소서!'라는 '직장인을 위한 기도' 같은 것도 정신건강에 나쁠 게 없다는 것이다. 기도하지 않는다는 것, 그것이 자기 돌봄을 포기하고 세상만사에 대한 체념과 자포자기를 반영하는 것이라면 기도하지 않는 사람이 훨씬 심각한 문제에 봉착할 가능성이 있는 것이다.

> 지금까지는 너희가 내 이름으로 아무것도 구하지 아니하였으나 구하라 그리하면 받으리니 너희 기쁨이 충만하리라 (요16:24)

성서에 나타난 기도의 커뮤니케이션은 환상적이다. '구하라 그리하면 받으리니'는 나약한 인간으로 하여금 구하지 않을 수 없게, 받지 않을 수 없게 만드는 기도의 양가적 가치를 일깨운다. 일깨우는 게 아니라 유혹한다. 구체적으로 뭔가를 주고받는 것보다 기도 그 자체가 더 큰 기쁨임을, 더 큰 은총임을, 더 큰 성취임을, 더 큰 사랑임을 숨기고 있는 것이다.

나는 가끔 상상한다. 내가 탄 전동차나 시내버스에 탑승한 승객들 모두가 눈을 감고 조용히 자기 기도에 몰두하는 장면을. 나는 가끔 꿈꾼다. 세상 모든 사람이 자기 기도를 날마다 되풀이해 쟁투와 갈등이 사라진 평화로운 세상을.

물론 그와 같은 바람이 이루어질 수 없다는 걸 나는 잘 알고 있다. 하지만 불가능하기 때문에 나는 지속적으로 기도할 것이다. 기도함으로써 나 아닌 다른 사람들, 내 영역 밖의 상황들에 대해 더 깊고 더 섬세한 사랑을 키워나갈 수 있을 것이다.

'인생 뭐 별것 있나?'라고 사람들은 자주 말한다. '별것' 없기 때문에 기도의 필요성은 오히려 증폭한다. 기도하다 보면 기도해야 할 대상이 점점 늘어난다. 기도해야 할 대상이 늘어나면 기도하는 시간도 늘어난다. 그렇게 하루하루 살다 보면 라이너 마리아 릴케의 「가을날」처럼 초자연적이고 초월적인 기도문을 만들어낼 수 있을지도 모른다. 나, 너, 그리고 우리 모두를 위해.

> 해시계 위에 당신의 그림자를 드리우시고
> 들판 위엔 바람을 놓아주십시오.
> 마지막 열매들이 영글도록 명하시어,

그들에게 이틀만 더 남극의 따뜻한 날을 베푸시고,
완성으로 이끄시어 무거운 포도송이에
마지막 단맛을 넣어 주십시오.

모든 사랑은 나에게서 시작해 나에게서 끝난다

　내가 초등학교 사 학년인가 오 학년이었을 때 세상에는 사랑에 관한 어떤 노래가 유행하고 있었다. '사랑이 무어냐고 물으신다면 눈물의 씨앗이라고 말하겠어요'라는 가사를 주된 내용으로 한 '사랑은 눈물의 씨앗'이라는 유행가였다. 그것을 부른 가수가 오늘날까지 노익장을 과시하며 활동하는 나훈아였다.

　'사랑은 눈물의 씨앗'이 얼마나 유행했던지 초등학생이었던 나는 아무런 연습도 없이 절로 그 노래를 외우고 부를 수 있게 되었다. 그리고 그 노래의 가사는 세상을 살아가는 동안 단순한 유행가 차원을 넘어 만고불변의 현상학적 진리처럼 나로 하여금 '사랑과 눈물', '씨앗과 결실'의 인과성을 생각하게 만들었다.

　세상 사람들이 가장 많이 사용하고, 민감하게 반응하고, 표리부동한 태도를 보이고, 왜곡이 심하고, 주관적으로 해석하는 말이 '사랑'이다. 그것의 본질에 대해 언급한다는 건 바닷가 모래사장에 뛰어들어 바늘을 찾으려는 시도와도 같다. 하지만 본질이 없다는 바로 그 점이 사랑의 정수라는 깨침을 얻는다면 부질없이 '눈물의 씨앗'을 뿌려대며 평생 헛농사를 일삼는 어리석음으로부터 해방될 수 있을지도 모른다. 그러니 초장부터 '사랑'을 건성으로 대할 필요는 없으리라.

'사랑'이라는 어휘의 가용 범위엔 제한이 없다. 이성 간의 사랑과 동성 간의 사랑, 가족 간의 사랑, 집단 간의 사랑, 국가와 국가 간의 사랑, 나아가 인류애에 이르기까지 지고지순至高至純을 도모하는 모든 일에 사랑은 한약방의 감초처럼 쓰인다. 사람과 동물 간의 사랑, 심지어 취미나 직업, 사물과의 사랑도 있다. 하지만 그와 같은 상태를 나타내는 사랑이라는 단어의 어원은 무제한적인 쓰임과 달리 아직 명확하게 밝혀진 바가 없다.

'사랑'을 한자어인 '사량思量'이나 '사랑思郞' 혹은 '사람'에서 왔다고 보기도 하고 '살다燒', '닷다', '괴다', '너기다'에서 왔다고 의미상으로 유추하기도 하지만 어느 것도 정설로 보기는 어렵다. 몽골어의 '친척', '애인'을 의미하는 saton, 만주어의 '친가'를 의미하는 sadun, 그리고 우리말의 '외척'을 의미하는 사돈sadon에서 유래했을 거라는 의견도 있지만 사랑이라는 무제한적 범주와 일가 친족의 제한적 범주 사이에 큰 괴리가 있어 보인다. 영어의 'love'도 비슷한 정황에 있다. 서양에서는 라틴어의 루브에레

(lubere : to please 기쁘게 하다)와 lube(윤활유)에서 왔다고 하는데 적확하다는 느낌이 들지 않기는 우리말과 별로 다르지 않다.

사랑을 정의하고 그것의 근원을 규정하는 일은 쉽지 않지만 모든 사랑에 대해 두 가지 공통점을 도출할 수 있다. 첫째는 행위의 대상을 가진다는 것, 둘째는 행위를 주고받는 대상 간에 반응이 나타난다는 것이다. 사회적, 비유적, 상징적 의미로서의 사랑을 제외하고 나면 인생의 행복과 불행을 좌우한다고 여겨지는 사랑, 바로 두 사람 간의 내밀하고 치열하고 숨 막히는 속수무책의 사랑이 대두된다. 이성 간의 사랑이든 동성 간의 그것이든 모두 같은 범주에 놓고 생각해 볼 필요가 있다.

우리가 사랑이라는 감정을 바라게 되는 의식의 기저에는 '외로움'이라는 천형天刑 같은 감정 상태가 도사리고 있다. 외로움 때문에 우리는 누군가를 찾아내고 빠져들게 되는 것이다. 하지만 외로움으로부터의 탈출을 도모하기 위해 시작한 사랑은 외로웠던 만큼 격렬하고 격정적일 수 있지만 결국엔 더 깊은 외로움을 겪게 만든다.

인류학자 헬렌 피셔Helen Fisher에 따르면 상대방에게 호감을 느끼게 되는 시기에는 신경전달 물질인 도파민이 만들어져 행복감을 느끼고, 사랑에 빠지게 되면 천연 각성제 역할을 하는 페닐에틸아민이 만들어져 열정이 분출되고, 그다음에는 옥시토신이라는 호르몬이 분비되어 성적 충동으로 이어진다고 한다.

 이것이 사랑의 화학적 전개 패턴이다. 우리가 흔히 '눈에 콩깍지가 씌었다'고 표현하는 현상이 이와 같은 과정을 거치는 것이다. 이것은 일종의 질병 상태이다. 사랑이 시작되고 30개월 정도 지나고 나면 생물학적인 자기방어기제가 작동해 제정신이 돌아오고, 그 시기가 되면 '백마 탄 왕자'나 '잠자는 숲속의 미녀'도 모두 평범하고 결점이 많은 대상으로 보이게 된다. 요컨대 '사랑의 종말을 위한 협주곡'이 시작되는 것이다.

 외로움을 해소하기 위한 사랑은 에리히 프롬Erich Fromm의 표현대로 '미숙한 사랑'을 불러온다. 그것이 '마조히즘'과 '사디즘'이다. 전자는 자기 스스로 타인의 도구가 되어 외로움으로부터 탈피하려는 경향이고 후자는 자기 존재를 관철시켜 타인에게 인정받고자 하는 경향을 가리킨다. 우월한 권위나 힘에 기대 종속적인 사랑을 하는 마조히스트든 학벌이나 권력, 돈 따위를 내세워 사랑을 얻는 사디스트든 정신적 미숙함의 정도는 차이가 없다. 사회 구조가 건전하지 못할수록 이와 같은 극단적 경향성은 두드러진다.

 외로움에서 벗어나기 위한 사랑, 대상에게 구가하는 사랑은 대체로 불행한 결말에 도달한다. 문제는 이러한 결말이 한 번의 실패로 끝나지 않고 다시 새로운 사랑을 찾아 헤매는 중독적 패턴을 형성한다는 것이다. 피학적인 사랑에 길들여진 사람이나 가학적인 사랑에 길들여진 사람에게 되풀이되는 건 더 이상 사랑이 아니라 중독의 문제, 자포자기의 심정일 뿐이다. 사랑을 찾아 헤매다가 결국 자신을 잃어버리는 것이다.

사랑의 상처가 죽음보다 깊다고 해도 사람들은 사랑을 갈망하고 다시 사랑에 빠지는 일을 되풀이한다. 그것이 사랑이고 인간이다. 대부분의 범죄도 사랑에 대한 갈망이 비틀리고 뒤틀려 일어나는 것이라 해도 과언이 아니다. 사람을 죽이고, 성폭력을 일삼고, 무절제한 충동에 휩싸이고, 심지어 자살을 기도하기까지, 사랑의 문제야말로 인류가 풀어야 할 최대의 난제가 아닐 수 없다.

문제의 핵심은 사랑이 대상을 통해 구현되는 게 아니라는 것이다. 사랑의 행위는 자신의 내면을 들여다보는 공부이고, 대상에게 투사된 자신의 모습을 발견하는 일이고, 나를 갈고닦음으로써 대상을 비추어내는 평생의 도道라고 해도 과언이 아니다. 남을 제대로 사랑하는 일은 결국 나 자신을 제대로 만들어내지 않고는 실현 불가능하다는 걸 깨쳐야만 사랑의 진정한 의미에 눈을 뜨게 된다. 그러니 진정한 사랑을 하기 위해선 홀로 설 수 있는 능력을 키워야 한다. 그것이 이루어져야만 사랑이 외로움의 탈출구가 아니라는 걸 깨치게 된다.

누군가를 사랑하고, 그 누군가가 나를 떠나가는 건 인생의 흐름이다. 인생을 살며 '눈물의 씨앗'을 뿌리는 횟수는 사람마다 다르겠지만 그것이 많이 뿌릴수록 좋다는 식의 다다익선多多益善과는 거리가 멀다는 사실을 경험자들은 알 것이다. 패턴처럼 습관화된 이성 놀이에 정신을 빼앗기거나 넋을 놓고 있으면 인생은 풍선에서 바람이 빠지듯 허망하게 스러져 버린다. 반대로, 진정한 사랑을 통해 겪은 일들은 그것이 상처이건 기쁨이건 인생의 거름이 되어 더 넓고 깊고 높은 의미로 확장, 심화된다. 요컨대 관계 중독이나 섹스 중독은 사랑과 근원적으로 다른 것이다.

21세기의 사랑은 엄지손가락에서 시작해 엄지손가락으로 끝난다는 말이 있다. 만남과 이별을 SNS에 올렸다가 삭제하는 식으로 편의적으로 처리할 수 있다는 의미일 터이다. 과학기술의 발달이 불러온 사랑의 기술이 이런 방식으로 전개된다면 인류의 미래는 정신적 불모화를 거쳐 암울하게 변해갈 것이다. 그러므로 나에게 비쳐지는 대상과 대상에게 비쳐지는 나를 통해 우리는 진정한 사랑에 눈을 떠야 한다.

사랑에 빠지는 것을 일종의 질병 증세로 판단할 수 있고 그것이 자연적으로 치유되는데 30개월 정도의 시간이 걸린다는 사실, 즉 생물학적 자기 방어기제가 작동한다는 것은 시사하는 바가 매우 크다. 대상을 통한 사랑의 실현은 인간에게 궁극의 목표가 되지 못한다는 걸 의미하기 때문이다. 아무리 열렬했던 사랑도 결국 원래의 자리, 즉 나에게로의 회귀를 전제로 하고 있는 것이다.

그럼에도 불구하고 사람들은 그것의 진정한 의미를 외면하고 내 안의 나를 찾지 않고 또 다른 나를 찾아 또다시 외부로 눈길을 돌리는 어리석은 전철을 되풀이하며 인생을 살아가고 있는 것이다.

인생에서 만나는 모든 사람은 나를 스쳐 가지만 내가 집중해서 탐구해야 할 대상은 처음부터 끝까지 나일 수밖에 없다. 그러므로 사랑은 사랑 그 자체로 완전한 게 아니라 타자를 통해 나를 발견하고 나를 성장하게 만드는 의식적인 학습 도구이다. 사랑은 결국 나에게서 시작해 나에게서 끝나는 성장과 진화의 과정이기 때문이다.

스마트폰 도인, 스마트폰 달인, 스마트폰 선각자들에게

20세기에는 없었으나 21세기에 생긴 진풍경이 있다. 언제 어느 곳에서건 스마트폰을 손에 들고 전화를 하거나 SNS를 하거나 이어폰을 꽂고 동영상을 보거나 음악을 듣거나 게임을 하거나 쇼핑을 하거나 뱅킹을 하는 다양한 풍경들을 볼 수 있다는 것이다. 기실 사람들의 손에 스마트폰이 들려 있는 것인데 전동차나 좌석버스나 커피숍에 앉아 있는 사람들이 하나같이 스마트폰에 사로잡혀 있는 진풍경을 목도하게 되면 그들이 그것을 손에 들고 있는 게 아니라 그것에 매달려 있거나 붙박여 있는 것 같다는 섬뜩한 생각에 사로잡힐 때가 많다.

나는 다른가?

고백하건대 나도 다르지 않다. 전동차나 버스를 타면 나도 이어폰을 귀에 꽂고 브레인 웨이브 애플리케이션을 열어 알파파를 듣는다. 가능하면 아무 생각도 하지 않기 위해 명상 사운드를 들으며 뇌를 쉬게 하는 것이다. 아무튼 나도 풍경의 일원이 되어 아무런 위화감 없이 스마트폰에 사로잡혀 있는 사람들을 주시하노라면 기이한 의구심이 뇌리를 스쳐갈 때가 많다. 과연 저 상태를 몰입이라고 할 수 있을까?

스마트폰이 만들어내는 진풍경 때문에 어느 날 사전을 열어 몇 가지 어휘들을 비교 검토해 본 적이 있다. 그때 내가 물망에 올렸던 단어들이 습관-집중-몰두-몰입-몰아-중독 같은 것들이었다. 스마트폰 때문에 동원된 것들이지만 인간의 정신 상태와 연관된 대부분의 어휘들이 망라된 느낌이었다. 분열, 광기 같은 어휘가 있긴 하지만 글쎄, 하는 저어함이 생겨 검토 대상에서 일단 제외했다. 스마트폰 때문에 분열이나 광기가 생겼다는 사례는 아직 접한 적이 없으니 그나마 다행스러운 일이 아닌가.

습관-집중-몰두-몰입-몰아-중독은 단계적 차이가 있지만 정확하게 경계를 나누기가 애매한 구석이 있는 어휘들이다. 습관은 무의식적으로도 행할 수 있는 것이지만 집중은 의식적인 에너지를 동원해야 하는 것이니 경계가 분명하지만 그것들이 스마트폰에 적용되면 습관인 동시에 집중이 되고 몰두가 되고 몰입이 되고 몰아의 지경에 이른다고 보아야 한다.

스마트폰으로 어떻게 몰입과 몰아의 지경에까지 도달하느냐고 반문할 사람이 있을지 모르겠다. 하지만 게임에 몰두하는 사람들을 보고 있노라면 습관-집중-몰두-몰입-몰아의 경지를 넘어 중독의 위험을 걱정하지 않을 수 없게 된다. 요컨대 스마트폰은 인간의 정신을 빈틈없이 사로잡고 그것에 완전히 매몰되게 만들어 물아일체物我一體의 지경에 도달하게 만드니 종교적인 도道의 경지와 별반 다를 게 없다. 이미 우리 주변에 스마트폰 도인, 스마트폰 달인, 스마트폰 선각자들이 무수히 나타나 스마트폰 도가 천하에 전파되지 않았는가.

인간의 정상적인 정신 상태는 혼돈chaos이라는 말이 있다. 목표와 목적이 없을 때의 인간 정신 체계가 사뭇 불안정하고 무질서함을 일컫는 말일 터이다. 그래서 인류는 일찍부터 명상, 요가, 수양, 수련 등등의 기법을 개발하고 그것을 통해 정신적 안정과 균형을 도모하고자 했을 것이다. 가부좌를 틀고 앉아 마음을 비우고, 마음을 내려놓고, 무아의 경지에 몰입하려는 이유가 달리 무엇이겠는가.

돈을 주고도 살 수 없는 것이 바로 마음의 행복이다. 그것 때문에 사람들은 물질보다 정신을 중시한다. 많은 돈은 많은 소모와 탕진과 고뇌와 고통을 불러온다. 빌 게이츠나 워런 버핏처럼 돈을 잘 벌고 잘 쓰는 사람들도 있지만 대부분의 사람들에게 재물, 권력, 명예 같은 것들은 혼돈의 블랙홀이 되기 십상이다. 반면 정신이 일정한 질서체계를 형성하고 스스로 그것을 컨트롤할 수 있는 경지에 도달하게 되면 물질의 속성에서 벗어나 참으로 돈을 주고도 살 수 없는 깊은 정신적 희열과 해방감을 구가할 수 있다.

심리학자 미하이 칙센트미하이Mihaly Csikszentmihalyi 박사는 미술가, 음악가, 스포츠 선수들에 관한 연구를 통해 인간은 자신이 하는 일에 완전히 몰입하게 되면 느끼는 것, 바라는 것, 생각하는 것이 하나로 어우러지는 조화로운 상태에 도달하게 된다는 것을 발견했다. 우리가 흔히 말하는 무아지경, 다시 말해 참선에 빠진 선승처럼 자아의식이 완전히 소멸된 상태에 도달하게 되는 것이다.

작가들과 창작 경험담을 나누다 보면 이런 얘기가 심심찮게 나온다. 새벽 두 시나 세 시경, 한창 집필 삼매경에 빠져 있을 때 자신의 몸이 완전히 소멸되고 전자 합성파 같은 의식만 공중에 떠 있는 걸 경험했다는 얘기, 몰두하던 장편소설을 탈고하고 몇 달 만에 외출해 버스정류장으로 나갔더니 모두 반팔 옷을 입고 있어 황급히 집으로 돌아가 겨울 코트를 벗어 던졌다는 얘기 등등.

인생을 살면서 이런 몰입을 경험해 본 사람이 비단 예체능계에만 존재하지는 않을 것이다. 학문을 탐구하거나 창조적인 일에 몰두하거나 꿈을 성취하기 위해 매진하는 사람들 중에는 이렇게 깊은 정신의 무아지경을 경험해 본 사람들이 많을 것이다. 그리고 그런 경험을 해 본 사람들은 그것이 조성하는 강렬한 주의집

중 상태, 행위와 인식의 융합 상태, 시간과 공간에 대한 망각 상태, 자기 인생에 대한 강력한 통제감 같은 걸 잊지 못할 것이다. 그들은 그것이 억만금의 돈을 주고도 살 수 없는 진정한 행복이라는 걸 알게 되었으니 그와 같은 상태를 자주, 그리고 오래 유지하면서 자연스럽게 몰입하는 삶을 살고자 할 것이다.

21세기는 스마트폰을 앞세워 무한 연결과 무한 개방을 표방하지만 의외로 단절, 고립, 소외, 불안, 우울에 시달리는 사람들이 많다. 고령화 사회의 가장 큰 문제도 자기 삶을 독창적으로 개발하지 못하고 사회가 제공하는 당근과 채찍에 길들여져 온 사람들의 정신적 물질적 존립 기반에 대한 우려로 심화되고 있다. 결국 문제의 핵심은 사회적 보장에 의존하기보다 독립적인 삶의 자세를 확립하고 외적 여건에 구애받지 않을 수 있는 자기 몰입 분야를 개척해야 할 필요성으로 강조된다. 요컨대 나이 들어서도 몰입할 수 있는 독창적이고 창조적인 분야를 개척하라는 주문이다.

21세기는 습관-집중-몰두-몰입-몰아-중독의 경계를 구분하기 어려운 시대이다. 이런 때일수록 몰입의 중요성은 역설적으로 강조된다. 그것의 핵심이 '자아 성장'에 있기 때문이다. 돈이나 권력, 명예 같은 것들에 대한 보상을 의식하면서 몰입 상태에 도달하기는 어렵다. 자기 인생의 목적을 창의적으로 개발해 나가는 사람, 다시 말해 내적 동기가 강할 뿐만 아니라 자율성과 독립성을 지닌 사람, 적극적이고 열정적인 사람이 몰입의 조건에 적합

하다는 판단이다. 다른 사람의 시선과 평가에 연연하는 성격으로는 몰입하는 삶을 구축하기가 어렵다는 말이다.

몰입의 상태에 빠져든다는 것은 남들과 다른 정신의 차원에 도달하는 것이다. 당근과 채찍에 길든 심성을 벗어던져야 진정한 창의성이 나타나고 남들이 가지 않은 길을 갈 수 있는 독창적인 용기가 생긴다. 자신의 인생 전체를 몰입 대상으로 삼고자 한다면 한눈을 팔거나 산만한 나날을 살 겨를이 없다.

누구나 자신의 내면에 귀를 기울이면 '되고자 하는 것'과 '하고자 하는 것'의 강렬한 육성을 들게 될 것이다. 지금, 바로, 이곳에서의 삶이 불만스러운 사람일수록 내면 육성의 강도가 높게 나타날 것이다. 하지만 그 반대급부의 자문에도 반드시 귀를 기울여야 한다. 의지대로 집중할 수 있는가, 집중을 방해하는 것들을 차단할 수 있는가, 목표를 이룰 때까지 집중을 계속할 수 있는가.

불광불급不狂不及, '미쳐야 미친다'는 말이 있다. 그것이 바로 몰두-몰입-몰아의 경지를 한 마디로 압축한 말이다. 그러니 지금 이 순간, 자신에게 물어볼 일이다. 나는 지금 무엇에 몰입하고 있는가, 나는 지금 무엇에 몰입하고 싶어 하는가. 그것이 합당한 질문이 아니라면 이렇게 자문해야 할지도 모른다. 나에게는 진정 몰입하고 싶은 일이 있는가.

인생의 이정표는 절로 만들어지지 않는다. 우리는 매 순간 선택을 통해 우리의 인생 진로를 개척해 나가고 있다. 그것의 누적이 인생의 공든 탑이 되는 것이다. 이것은 선택과 집중의 결과이다. 그런 의미에서 시도 때도 없이 스마트폰에 매달려 있는 21세기 군상의 모습은 선택과 집중이라기보다는 일종의 방기처럼 보인다. 자신에게 집중하지 않거나 외면하는 방식으로 그것에 매달려 자기 외적인 시간을 흘려보내고 있는 것이다. 그러니 진지하게 자문해볼 일이다. 스마트폰을 손에 드는 그 순간, 나의 진정한 존재성이 소멸되는 것은 아닌지.

인생을 창조하는 약속, 약속을 창조하는 인생

춘추시대 노魯나라에 미생尾生이라는 사람이 있었다. 어느 날 그에게 사랑하는 여자가 생겨 다리 밑에서 만나자는 은밀한 약속을 했다. 정해진 일시에 미생은 떨리는 마음으로 약속 장소로 나갔다. 때를 맞추기라도 한 듯 엄청난 소나기가 내리기 시작했다. 정해진 시간이 되어도 여자는 나타나지 않았다. 엄청난 소나기가 상류로부터 급류를 만들어 세찬 기세로 밀려왔으나 미생은 여자를 기다리기 위해 자리를 지켰다. 결국 급류를 견디기 어려워 다리의 교각을 부둥켜안은 채 미생은 현장에서 목숨을 잃고 말았다. 그래서 생겨난 말이 저 유명한 '미생지신尾生之信'이다.

미생의 믿음, 그러니까 약속을 지키기 위해 목숨까지 버린 한 인간의 사례에 대해 처세의 관점이 다른 후세인들은 해석이 분분할 수밖에 없다. 신의를 지키려다 목숨을 잃은 우직한 인간으로 치는 경우도 더러 있지만 작은 명분에 집착하는 고지식하고 융통성 없는 인간으로 폄훼하는 경우가 대부분이다. 장자는 도척편盜 跖篇에서 공자와 대화를 나누는 도척의 입을 빌어 미생의 융통성 없는 행동을 통렬하게 비판한다.

"이런 인간은 제사에 쓰려고 찢어발긴 개나 물에 떠내려가는 돼지, 아니면 쪽박을 들고 빌어먹는 거지와 다를 바 없다. 쓸데없는 명분에 빠져 소중한 목숨을 가벼이 여기는 인간은 진정한 삶의 길을 모르는 놈이다."

『전국책』은 미생의 신의가 단지 사람을 속이지 않았을 뿐이라고 폄하하고 『회남자』는 차라리 상대방을 속여 순간의 위험을 피한 뒤에 후일을 기하는 것만 못한 어리석은 행동으로 평가 절하했다.

약속을 지키려다 목숨을 잃은 인간, 약속 때문에 목숨까지 버린 인간의 문제는 21세기를 살아가는 우리를 어리둥절하게 만든다. 통화를 '따고' 문자를 '씹고' SNS에서 삭제'당'하는 게 일상이 되어버린 시대에 약속 때문에 목숨을 버리다니 정말 대단한 위인이라는 생각이 든다.

소설을 쓰는 나의 입장에서 보자면 미생지신의 플롯에서는 중요한 인과성 한 가지가 간과 당하고 있다. 미생이 죽으면서까지 여자를 기다릴 수밖에 없었던 정황이 단지 미욱하고 어리석고 융통성 없고 고지식해서가 아니라 인간에 대한 그의 배려가 앞서고 있었기 때문일 거라 판단되기 때문이다.

미생이 소나기가 만든 급류 때문에 죽을 정도였다면 자신을 만나러 올 여자에 대한 걱정도 했을 것이다. 단지 약속을 지키겠다는 고착된 심성 때문에 버티고 있었던 게 아니라 여자가 처할 위험을 걱정하며 자리를 뜨지 못했을 수도 있었을 거라는 관점이다. 지하철 노선에 떨어진 사람을 구하려다 자기 목숨을 잃는 의인을 『회남자』처럼 '위험을 피한 뒤에 후일을 기하는 것만 못한 어리석은 행동'이라고 꾸짖을 수 있을까.

미생지신 문제의 핵심은 미생이 아니라 약속이다. 여자가 약속 장소에 안 나타났다는 것, 다시 말해 여자가 약속을 어겼기 때문에 미생이 죽음에 이르게 된 것이다. 미생이 어리석고 융통성 없고 고지식해서가 아니라 약속을 지키지 않은 여자, 여자가 지키지 않은 약속이 문제의 핵심이 되는 것이다. 내가 누군가와 약속을 하고 30분 늦게 현장에 도착했는데 그 30분 사이에 주변을 배회하던 상대가 교통사고를 당해 목숨을 잃었다면 문제의 정신적 부하는 당연히 내 몫이 될 수밖에 없다. 내가 정해진 약속 시간에 상대를 만나 현장을 떠났다면 아무런 문제도 생기지 않았을 테니까.

요즘은 한국인의 기질을 말할 때 '빨리빨리'가 보편적으로 통한다. 한국에 와서 일하는 외국인 근로자들도 작업 현장에서 그 말을 많이 들어 흉내 내는 걸 심심찮게 본다. 하지만 1950년대와 60년대 외국인들은 '코리언 타임'이라는 말로 약속을 제대로 지키지 않는 한국인의 근성을 싸잡아 비난한 적이 있었다.

우리 선조가 살아낸 농경사회적 사고방식이란 시간 단위가 아니라 해와 달이 뜨고 지는 것으로 시간을 구분했고 그것을 약속의 기준으로 삼아왔다. 그래서 선조에게 물려받은 유전자를 과시하듯 약속시간에 늦는 걸 아무렇지도 않게 생각하고 늦은 사람 스스로 코리언 타임이라고 강변하던 세월이 꽤 오래 지속되었다. 지금처럼 초 단위로 시간을 민감하게 받아들이는 세상에서는 도무지 상상할 수도 없는 일이다. 요즘은 한류까지 범람하니 한국 문화의 촌각寸刻이 세계의 유행 패턴을 실시간적으로 주도한다고 해도 과언이 아니다. '21세기의 코리언 타임은 5분 전'이라는 말까지 생길 정도이니 한국인이 창출하는 새로운 시간성에 대해서는 중언부언할 필요가 없으리라.

하지만 진정한 의미의 약속에 대해 말하자면 우리는 아직도 갈 길이 멀다. 우리 사회는 지금도 약속을 하찮게 여기는 무의식적 풍조 때문에 너무나 큰 참사와 쟁투와 불행과 갈등에 시달리고 있다. 공약公約을 공약空約으로 만드는 정치인들의 약속으로부터 세월호 참사를 만들어내는 일상적 약속 불감증, 사람과 사람 사이의 약속을 하찮게 여겨 조성되는 불신 풍조에 이르기까지 모든 문제의 근원에 심판의 다른 이름처럼 약속이라는 준엄한 정신적 계약이 도사리고 있는 것이다.

나도 30대 중반까지 약속의 중요성을 모르고 살았다. 그저 정해진 약속을 잘 지키면 된다는 정도, 그것도 모자라 약속이 귀찮게 느껴지면 그것을 취소하는 일도 심심찮았다. 그러다가 등단 3년쯤 되던 해에 나보다 나이가 스무 살가량 많은 문단 대선배 한 분을 만났다. 호방한 호주가에 엄청난 활동가라서 동에 번쩍 서에 번쩍하는 그분의 삶을 20년 넘게 지켜보며 참으로 많은 것을 곁에서 배울 수 있었다. 그중에 내가 가장 크게 배우고, 가장 크게 깨닫고, 가장 중요한 인생의 덕목으로 가슴에 품은 것 한 가지가 그분이 보여준 약속에 대한 자기 성실성이었다.

상대가 누구이건 그분은 약속 장소에 항상 먼저 나타나서 상대를 기다리고 만날 사람이 여럿일 경우에는 먹는 음식과 앉을 자리에 대한 배려까지 아끼지 않았다. 당신도 젊은 시절에는 약속 따위 전혀 존중하지 않고 살다가 인생의 멘토 같은 분을 만나 그것이 얼마나 소중한 것인지 여러 해에 걸쳐 철저하게 배운 뒤에 인생관을 완전히 바꾸게 되었다고 술회한 적이 있다. 당신의 인생에 터럭만큼이라도 뭔가를 이룬 게 있다면 그건 전적으로 성실한 약속 이행의 결실이라는 단언이었다.

약속에는 두 종류가 있다. 타인과 하는 '밖으로의 약속'과 자신과 하는 '안으로의 약속'이 그것이다. 타인과의 약속은 소통과 조화에 영향을 미치고 자신과의 약속은 인성과 품성에 영향을 미친다. 약속의 결과, 그것이 곧 인생의 결과이다. 그러므로 그것이 어떤 것이든 인생에 사소한 약속이란 존재하지 않는다.

　타인과의 약속은 형식적으로건 본질적으로건 적당히 수행할 수 있지만 자신과의 약속은 제대로 이행하기 어렵다. 우리 삶의 매 순간이 내면적인 약속 행위로 점철되기 때문이다. 술을 많이 마신 다음 날은 아, 다음부터는 절주해야지, 철석같이 자신과 약속하지만 다음번 술자리가 되면 그것을 지키지 못한다. 담배를 끊어야겠다는 약속은 연초마다 되풀이하지만 고리타분한 연중행사가 된 지 오래이다. 가족과 단란한 시간을 보내겠다는 약속, 독서를 열심히 하겠다는 약속, 어려운 이웃을 돕는 봉사활동을 하겠다는 약속 등등 우리의 내면은 무의식적인 창조와 생산, 그리고 지고지선을 향해 쉼 없는 약속을 되풀이하지만 어리석고 나약한 우리는 그것을 제대로 실천하지 못한다.

　누가 뭐라고 해도 가장 소중한 인생의 덕목은 약속이다. 제대로 이행한 약속의 누적이 성취가 되고 제대로 이행하지 못한 약속의 누적이 회한이 된다. 세상을 떠나는 순간, 우리는 평생 지속해온 무수한 약속의 환영을 보며 성취감에 젖거나 회한에 빠지게 될 것이다.

오늘 내가 나 자신과 하는 약속, 오늘 내가 특정한 상대와 하는 약속은 우주의 그물처럼 씨줄과 날줄을 엮으며 그 외연을 무한대로 넓혀 나간다. 눈높이 인생, 목전의 인생만 살아내는 우리가 그 우주적인 하모니를 목도하지 못할 뿐이다. 요컨대 살아 있는 모든 것들의 생명 활동은 명백한 약속 행위이다. 서로를 되비치며 서로의 존재성을 밝혀 우주적 연대감을 일깨우는 행위는 얼마나 창조적인가.

인생을 창조하는 약속, 약속을 창조하는 인생을 살아야겠다.

디지털 노마드에게 지구는 너무 좁고 시시해

나의 기억 속에는 근원을 알 수 없는 노래 한 곡이 저장돼 있다. 그 노래가 언제 발표되고 어떤 경로로 나에게 익혀진 것인지에 대해 나는 아는 게 없다. 특별히 노래를 배우려고 한 적도 없고 가사를 암기한 적도 없는데 아주 어린 시절부터 그것은 내 정서와 감성의 일부인 것처럼 나를 따라다녔다. 그것이 바로 「목동의 노래」이다.

> 끝없는 광야, 오늘도 하루 / 소와 말을 동무 삼는 / 나는 외로운 목동 / 흘러 흘러서 가는 곳 어디 / 동서남북 바람 부는 데로 / 그리운 고향에는 언제 언제 가보나 / 눈을 붙이고 꿈이나 꾸리 / 부모형제 정든 마을 사람 / 그리운 사람과는 언제 언제 만나나

한때 문인들이 모이는 술자리에서 나는 가끔 그 노래를 부르곤 했다. 그 노래를 부를 때 좌중의 사람들은 뜨악한 표정을 짓지만

나는 그 노래의 정서에 흠뻑 취하고 만다. 광야에서 소와 말을 돌보는 목동의 정서를 21세기에 들이대는 게 온당한 일인가, 스스로 생각해 봐도 어이가 없지만 그 노래에 깃든 정서는 전생의 혈연을 기억해내는 일처럼 나의 가슴을 아리게 한다.

피에르 퓌비 드 샤바Pierre Puvis de Chavannes가 그린 「목동의 노래」라는 그림도 있다. 1891년에 그려진 유화인데, 그림에는 광야에서 목동 생활을 하는 네 명의 인물들이 그려져 있다. 인물들의 모습에서 갈망, 동경, 고뇌가 느껴지는 그림이다. 그림을 들여다보면 또 다른 곳을 동경하는 인물과 현재의 상태를 힘들어하는 인물과 묵묵히 현실에 충실한 인물이 보인다. 하루의 대부분을 광야에서 보내고, 때때로 목초지를 찾아 이동하는 목동의 삶을 21세기를 살아가는 우리가 이해하기는 어렵겠지만 그들의 표정과 모습에서 왠지 현재의 우리가 읽히는 건 무슨 까닭일까.

여러 해 전의 일이지만 프랑스의 지성 자크 아탈리의 저서 『호모 노마드L'homme nomade』를 만났을 때 나는 벼락을 맞은 것처럼 깊은 충격에 사로잡혔었다. 인류의 정체성을 호노 노마드, 즉 '유목하는 인간'으로 풀어낸 그의 지성에 깊이 공감하고 그것으로부터 나의 정체성을 다시 되짚어보지 않을 수 없었다. 지금까지 내가 알아 온 모든 지식과 역사가 정착민의 관점에서 잉태되고 분만된 것이었다는 것도 새삼 깨달을 수 있었다.

태초의 인류는 지구를 떠돌아다니는 여행자들이었다. 인류의 전체 역사를 놓고 볼 때 정착의 역사는 농경 기술이 개발된 이후 1만 년에 불과하지만 노마드의 역사는 인간이 나무에서 내려와 두 발로 평지를 밟고 살기 시작한 이후 500만 년 이르러 상호 비교의 대상이 못 된다. 0.2% 대 99.8%이니 인류의 역사는 노마드를 통해 발전했다고 해도 과언이 아니다.

몽골 유목민이나 유럽과 북미 이주민들이 세계 경제력의 판도를 바꾸고 광야 생활을 토대로 한 기독교 역사도 역시 노마드적이었다고 봐야 할 것이다. 그럼에도 불구하고 0.2%의 정착 역사는 99.8%의 노마드 역사를 야만과 무지의 세월로 가차 없이 폄훼한다. 문화culture라는 말이 경작cultivation에서 온 것이고 그것이 정착의 바탕이 되었다는 걸 감안한다면 정착민들이 방랑과 유랑을 일삼는 유목민들을 얼마나 야만스럽고 무지한 존재로 치부했었는지를 절로 알게 된다.

자크 아탈리는 30억 명 이상의 인류가 일상적으로 비행기를 타고 이동하는 놀라운 미래 사회를 예견한다. 아침은 서울에서 먹고 점심은 베이징에서 먹고 저녁에는 파리에서 와인을 마시는 삶을 상상해 보라.

특별한 부자들의 삶이 아니라 평범한 사람들의 삶이 그렇게 세계를 일일생활권으로 삼으며 이동한다면 우리의 삶은 상상 이상으로 와이드해질 것이다. 자크 아탈리는 그것이 기술문명의 진보나 발전 때문이 아니라 600만 년 동안 인류의 유전자 속에 내재되어온 인간의 본성 때문이라고 설파한다.

정착민들은 국가를 만들고 세금을 거두고 감옥을 만들고 저축을 권장하고 국익을 위한 전쟁을 위해 총, 대포, 화약을 만들어냈다. 반면 노마드는 불, 사냥, 언어, 농경, 목축, 신발, 옷, 연장, 제식, 예술, 음악, 계산, 바퀴, 법, 시장과 민주주의, 나아가 신神까지 만들어냈다. 자동차, 비행기, 인터넷, 텔레비전, 휴대폰, 심지어 인공위성, 우주선, 우주여행, 우주탐사 같은 것들도 전적으로 노마드적 기질의 산물들이다.

노마드는 불편하지만 자유로운 인생을 추구한다. 한곳에 머물지 않고 자유롭게 떠돈다는 것이 얼마나 많은 어려움을 몰고 오는지 한 곳에 눌러 붙어 사는 정착민들은 너무나도 잘 알고 있다. 그래서 정착민들은 '집 나가면 개고생'이라는 말을 좌우명처럼 마음에 품고 산다. 하지만 세상을 떠도는 노마드적 삶은 모험과 고난을 겪으며 창의적인 산물과 삶의 방식을 끝없이 고안해 낸다.

필요는 발명의 어머니가 되고 인생에 필요한 대부분의 것들을 길 위에서 배우니 노마드에게는 세상이 곧 살아있는 지식과 지혜의 교과서가 된다. 정주민들이 노름을 하고 살롱에서 술을 마시며 인생을 탕진하는 동안 노마드는 노래를 만들고 별자리를 보며 시를 짓는다. 창조적인 자유인, 그들이 곧 호모 노마드인 것이다.

21세기는 디지털 노마드의 시대이다. 기동력, 순발력, 창조력은 현대인들이 갖춰야 할 필수 덕목으로 자리 잡은 지 오래이다. 그것을 위한 도구로 인터넷과 휴대폰과 노트북이 활용된다. 그것들만 있으면 앉은 자리에서 전 세계를 실시간적으로 일별하거나 떠돌 수 있다. 그런 관점에서 우리가 몸담고 살아가는 한국이 디지털 노마드의 신세계라는 걸 부정할 사람은 없을 것이다. 잡다한 것들 다 제하고 초고속 광대역 통신 하나만 예로 들어도 기동력, 순발력, 창의력은 한국인들의 전매특허인 것처럼 표나게 두드러진다. 하지만 자크 아탈리가 예견하는 노마드의 미래 전망이 밝기만 한 것은 아니다.

미래의 국가는 노마드 행렬이 지나가는 오아시스가 되고 기업은 제한된 시간에 주어진 역할을 맡은 사람들이 모였다 흩어지는 유랑극단이나 서커스가 될 것이라고 자크 아탈리는 예견한다. 뿐만 아니라 미래의 인류는 부유하게 즐기며 사는 소수의 하이퍼노마드 부류, 농민 상인 공무원 의사 교사 등의 정착민 부류, 생존을 위해 떠돌아다니는 노숙자 이주노동자 등의 인프라노마드 부류로 나뉠 것이라 예견한다. 2050년경 극빈층인 인프라노마드가 인류의 절반을 차지하게 됨으로써 그들이 하이퍼노마드들과 충돌하게 될 것이라는 전망은 노마드적 세계관에 어두운 그림자를 드리운다.

　인류의 바람직한 미래로 자크 아탈리는 트랜스휴머니티trans-humanity를 제안한다. 정착민적이면서도 노마드적인 노마드, 즉 정착민적 가치와 노마드적인 가치의 변증법적 가치를 절충형으로 제시하고 있는 것이다. 그렇게 바람직한 신인류가 나타날지 의문이지만 한국적인 상황에서 우리가 찾아내야 할 새로운 가치는 트랜스휴머니티보다 훨씬 구체적이고 생산적이어야 할 무엇이다. 그것이 과연 무엇일까.

　'나는 이곳에 정착해 살고 있다. 하지만 나는 늘 어디로인가 떠나고 싶어 한다.'

　그 두 가지 상반된 갈등 속에서 우리는 하루하루를 살아간다. 열심히 일한 자, 떠나라! 광고 문구처럼 열심히 일한 뒤에 여행을 떠나지만 모든 여행은 떠난 자리로의 회귀를 전제로 한다. 이와 같은 갈등과 반복이 죽는 날까지 되풀이된다. 그것에서 영원히 벗어나는 길이 배낭 하나 걸머지고 세계를 떠돌며 사는 것이라고 조언할 사람은 아무도 없을 것이다. 여행도 하지 말고 오직 일만 하며 살라고 조언하는 사람은 더더욱 없을 것이다.

　21세기의 진정한 호모 노마드는 인생의 행로를 밖이 아니라 안으로 설정하는 지혜를 갖출 필요가 있다. 드넓은 하드웨어적 유랑은 이미 앞선 인류가 500만 년 동안 되풀이했으니 전철을 답습할 필요가 없다. 내면의 노마드는 창조의 길로 이어지고, 창조의 길은 좁은 지구적 삶을 위성 시각으로 내려다보는 우주적 지혜를 심화시킬 것이다.

 인간은 무엇인가, 인생은 무엇인가, 나는 누구인가, 나는 무엇인가…… 그런 근원적 화두를 품고 치열하게 내면세계를 탐사하고 방황하는 사람이 21세기를 살아가는 멋진 창조인, 호모 크레아토homo-creator가 될 것이다. 그들은 자신의 내면세계를 탐사하고 확장하기 위하여 명상하며 떠돌고, 떠돌며 명상할 것이다. 물리적인 이동이 촌스러워지는 디지털 문명의 세기, 이제 표면화된 세계로서의 지구는 너무 좁지 않은가!

엄지족들이여, 함부로 인연을 맺지 말라

나이가 들면 인연의 문제에 대해 생각해 보는 기회가 많아진다. 세상에 태어나 부모의 품에 안기는 날부터 시작되는 인연의 흐름은 우리가 세상을 떠나는 날까지 잠시도 쉬지 않고 지속된다. 학교를 다니면서 만난 수많은 인연, 사회생활을 하며 만난 다사다난한 인연, 사랑을 하고 이별을 하며 가슴에 아로새긴 이성과의 인연, 여행지에서 옷깃을 스치며 만난 낯선 인연…… 모두 헤아리자면 하늘의 별만큼이나 많은 인연이 우리의 인생을 스쳐 간다는 것을 알게 된다. 인연이란 그렇게 스쳐 지나가는 것이라 언제 돌이켜보아도 아쉽고 아련하고 또한 그리운 것이다.

사람과 사람 사이에 맺어지는 것만이 인연은 아니다. 자신이 키우는 애완동물, 자신이 거주하는 지역, 자신이 사는 집, 자신이 사용하는 물건, 자신이 자주 가는 여행지 같은 곳에서도 인연의 기운과 의미는 얼마든지 확인할 수 있다. 나아가 자신이 태어나 살아가는 시대에도 인연의 문제가 작용한다. 요컨대 인연이란 생물이건 무생물이건 만남이 이루어지는 순간부터 시작되는 의미 있는 스토리 전개 과정인 것이다.

인연은 불교 교리의 근본을 형성하고 있다. 우주 만물의 생성과 소멸에 반드시 원인이 있다고 보는 것이 불교의 근본적 사유로서 생멸에 직접 간여하는 것을 인因, 인을 도와 결과를 낳게 하는 간접적인 조건을 연緣이라고 한다. 인연에 의해 사물이 생겨나는 것을 연기緣起라고 하고 발생한 결과를 포함해서 인과因果라고 부른다. 이와 같은 불교적 사유를 바탕으로 생각해 보면 인간을 포함한 우주 만물의 생성과 소멸은 모두 필연의 소산이라는 결론에 이르게 된다. 사소한 우연인 줄 알고 지나친 것들이 필연을 조성하는 내밀한 인자因子라는 걸 알게 되는 것이다.

어느 해 봄, 사막 실크로드 탐방 길에서 불교적 인연 이야기를 접하고 몹시 가슴 저렸던 기억이 난다. 파미르고원을 향해 끝없는 사막 길을 가던 중 신장 위구르 자치주의 투루판 동남쪽에 위치한 거대한 고창高昌왕국의 유적지를 보게 되었다. 고대 로마의 유적지에 비길 만하다고 하는 그곳은 폐허가 되어 고성의 흔적만 남아 있지만 한때 서역 최대의 국제도시요 종교 중심지이며 아시아 최대의 인쇄 중심지였다. 그곳에 실크로드의 대부라고 할 수 있는 현장법사와 고창국 왕 국문태麴文泰 사이에 맺어진 아름답고도 슬픈 인연이 깃들여 있었다.

현장법사는 13세에 출가하여 28세인 당나라 태종太宗 원년(629년)에 천축[인도]으로 불경을 구하기 위해 장안을 떠났다. 황량한 사막을 지나며 죽을 고비를 여러 차례 넘긴 일행은 630년 2월경 천신만고 끝에 고창 왕국에 당도했다. 신실한 불교 신자였던 고창국 왕 국문태는 현장이 당나라에서 온 고승이라는 말을 듣고 높이 우러러 받들면서 법회를 열어달라고 간청했다. 현장법사는 왕의 간청을 받아들여 2개월간 고창국에서 법회를 열어 '인왕반야경仁王般若經'을 설법했다.

현장법사가 고창 왕국을 떠날 때 국왕은 천축에서 돌아오는 길에 다시 고창국을 찾아 달라는 간절한 부탁을 했다. 뿐만 아니라 당시 서역 각국에 영향력을 행사하던 국왕은 현장이 인도로 떠날 때 서역 24개국의 왕국에 통행을 허락하라는 문서를 써 주고 말 4마리, 부역꾼 25명, 가사 30벌, 황금 100냥, 은전 3만 매, 비단 500필을 하사했다. 오늘날의 기준으로 헤아려 봐도 엄청난 후원이 아닐 수 없다. 고창국 왕은 그것으로도 모자라 현장법사가 떠나는 날 옷자락을 잡고 울며 100여 리 밖까지 배웅을 나갔다고 한다.

고창국 왕 국문태의 극진한 도움을 받아 현장 일행은 눈 덮인 산과 얼어붙은 강을 지나 천신만고 끝에 서역 각국을 거쳐 무사히 천축으로 들어갈 수 있었다. 그로부터 10여 년 후 현장법사가 불경을 구해 당나라로 돌아가는 길에 다시 고창국에 들러 국왕에게 감사의 뜻을 전하려 했으나 안타깝게도 고창국은 그때 이미 현장법사의 모국인 당나라에 의해 멸망한 뒤였다.

16년의 세월을 보내며 인도에서 불경을 구해온 현장법사의 대단한 업적은 결국 고창국 왕 국문태와의 인연에 힘입은 것이라 해도 과언이 아니다. 그때 고창국 왕을 만나지 못했다면 현장법사 일행은 십중팔구 사막에서 죽음을 맞았을 것이기 때문이다. 그런데 그런 인연을 완성하기 위해 돌아가는 길에 고창국에 들렀는데 그 나라가 망한 뒤라니 현장법사로서는 얼마나 황당했을까.

고창국은 멸망했지만 현장법사와 국왕 국문태의 인연은 거기서 끝나지 않았을 것이다. 생사를 반복하는 윤회전생輪回轉生, 만나면 반드시 헤어진다는 회자정리會者定離, 떠난 사람은 반드시 돌아온다는 거자필반去者必反이 모두 인연의 무한 운행 법칙을 강조하는 말들이기 때문이다. 다른 시대, 다른 인생에서 둘은 다시 만나 좋은 인연을 맺었을 것이라는 사유가 가능한 것이다. 인연이 있으면 천 리 밖에 있어도 만나고 몇 생애를 돌고 돈 뒤일지라도 반드시 만날 수 있다고 했으니 인연의 힘은 가히 생사와 시공을 초월하는 것이라 할 수 있겠다.

인연은 돌고 도는 우리네 인생사에 무수한 이야기를 생성하는 스토리텔링의 근거가 된다. 옷깃만 스쳐도 인연이라는 말이 있듯이 인연이 조성되면 반드시 이야기가 생성된다. 인연이 만들어지는 원인과 결과 사이에 사연이 내재되기 때문이다. 우리가 인생에서 겪는 대부분의 희로애락이 인연에서 기인하는 것이라 해도 과언이 아니다. 하지만 세상에 좋은 인연만 있는 게 아니니 반대급부의 악연에 대해서도 우려하지 않을 수 없다. 인연 때문에 울고 웃는 사람, 인연 때문에 평생 시달리며 사는 사람이 얼마나 많은가.

21세기는 무절제한 과잉 인연의 시대이다. 옛날에는 옷깃만 스쳐도 인연이라고 했지만 이제는 손가락만 움직여도 인연이 맺어지는 소셜 네트워크의 시대이기 때문이다. 무제한적인 연결로 인연의 개념이 희박해지고 그것으로 인해 인연의 중요성 또한 인지하지 못한다. 사람의 소중함을 간과하며 살아가는 것이다. 손가락으로 만나니 헤어지는 것도 손가락으로 '삭제'하면 그만.

자신의 네트워크에 연결된 사람이 아무리 많다고 해도 인간의 인지 능력은 150명 이상을 관리하기 어렵다는 통계가 있다. 많은 걸 자랑할 게 아니라 좋은 인연을 알아보고 자신이 좋은 인연의 대상이 되고자 하는 노력이 필요한 것이다. 인연은 어느 누구에게도 일회용으로 쓰고 버려질 수 있는 게 아니기 때문이다. 무절제한 과잉 인연의 시대, '함부로 인연을 맺지 말라'는 법정 스님의 매서운 경고를 되새겨볼 필요가 있겠다.

진정한 인연과 스쳐 가는 인연은 구분해서 인연을 맺어야 한다. 진정한 인연이라면 최선을 다해서 좋은 인연을 맺도록 노력하고 스쳐 가는 인연이라면 무심코 지나쳐 버려야 한다. 그것을 구분하지 못하고 만나는 모든 사람들과 헤프게 인연을 맺어 놓으면 쓸 만한 인연을 만나지 못하는 대신에 어설픈 인연만 만나게 되어 그들에 의해 삶이 침해되는 고통을 받아야 한다.

인연을 맺음에 너무 헤퍼서는 안 된다. 옷깃을 한 번 스친 사람들까지 인연을 맺으려고 하는 것은 불필요한 소모적인 일이다. 수많은 사람들과 접촉하고 살아가는 우리지만 인간적인 필요에서 접촉하며 살아가는 사람들은 주위에 몇몇 사람들에 불과하고 그들만이라도 진실한 인연을 맺어 놓으면 좋은 삶을 마련하는 데는 부족함이 없다.

진실은 진실된 사람에게만 투자해야 한다. 그래야 그것이 좋은 일로 결실을 맺는다. 아무에게나 진실을 투자하는 것은 위험한 일이다. 그것은 상대방에게 내가 쥔 화투패를 일방적으로 보여주는 것과 다름없는 어리석음이다. 우리는 인연을 맺음으로써 도움을 받기도 하지만 그에 못지않게 피해도 많이 당하는데 대부분의 피해는 진실 없는 사람에게 진실을 쏟아부은 대가로 받는 벌이다.

욕을 처먹어도 행복할 수만 있다면

인생의 가장 큰 주제는 누가 뭐라 해도 행복이다. 철학적인 화두로 삼지 않더라도 누구에게나 행복을 원하는 본능이 있고 그것을 추구할 권리가 있다. 행복에 대한 가르침의 역사가 곧 인류의 역사라고 해도 과언이 아닐 정도로 많은 행복론이 전파돼 왔다. 하지만 그토록 오랜 세월 동안 행복을 갈구하고, 그것에 대한 가르침이 설파돼 왔지만 아직도 대부분의 인류는 자신이 행복하다고 생각하지 않는다. 백억을 가진 사람은 천억을 못 가져서 불행하다고 한탄할 것이니 물질 우주에서 행복의 척도를 제시하는 것은 불가능한 일일지도 모른다. 요컨대 자신이 행복하지 않다고 생각하는 사람들이 압도적으로 많다는 건 행복이라는 추상적 개념 자체를 우리가 잘못 이해하고 있기 때문일 것이다.

행복의 사전적 의미는 '생활에서 충분한 만족과 기쁨을 느끼어 흐뭇함, 또는 그러한 상태'라고 되어 있다. 참으로 모호하기 짝

이 없는 표현이 아닐 수 없다. 만족과 기쁨은 수시로 우리를 스쳐 간다. 친구를 만나거나 사랑하는 연인을 만나는 것도 충분한 만족과 기쁨의 조건이 된다. 그래, 그런 순간 우리는 행복을 느낀다고 말할 수 있다. 하지만 사람들이 생각하고 추구하는 행복은 그런 찰나적인 것들과는 거리가 멀다. 요컨대 지속적이고 주체적일 수 있는 '마음의 바탕'을 사람들은 행복의 조건으로 원하고 있는 것이다.

행복해지고 싶다는 욕구는 지금 나를 불편하게 만드는 조건으로부터 해방되고 싶다는 심리적 상태를 반영한다. 돈이 없어서 불편하다면 돈을 벌면 행복해질 것이다. 얼굴이 못생겨서 고민이라면 성형해서 미인이 되면 행복해질 것이다. 직장이 없어 고심하는 사람은 취직을 하면 행복해질 것이다. 요컨대 A라는 불편 사항을 A'라는 충족 사항으로 대체함으로써 마음의 불편함을 해소하면 문제가 해결되는 것이다.

우리가 행복하지 못하다고 내세우는 대부분의 조건들은 삶의 불편함에서 벗어나고자 하는 마음의 갈망이다. 하지만 A를 A'로 대체한다고 해서 끝날 문제가 아니다. 그것이 해결되면 B가 생기고, 그것이 해결되면 C가 생기는 식으로 죽는 날까지 불편함으로부터 발생하는 문제는 종식되지 않을 것이다. 뭔가 뿌리를 찾아 근원적으로 문제를 해결하지 않는 한 욕망의 굴레로부터 끝끝내 벗어나지 못할 것이라는 말이다.

알프레드 아들러Alfred Adler는 지그문트 프로이트, 칼 구스타프 융과 함께 심리학의 3대 거장으로 일컬어지는 인물이다. '자기계발의 아버지'로 일컬어지는 그는 프로이트의 트라우마를 정면으로 부정하고 과거의 경험에 어떤 의미를 부여하느냐에 따라 자기 삶을 결정할 수 있다는 목적론을 제창하였다. 주어진 인생의 조건을 리콜하는 게 아니라 자기 삶의 용도에 맞게 고쳐나가는 것, 다시 말해 과거의 경험에 어떤 의미를 부여하느냐에 따라 자기 삶의 방향을 스스로 결정할 수 있다고 본 것이다. 아들러 심리학의 요체는 '인간의 고민은 전부 인간관계에서 비롯된다'는 말로 요약할 수 있다.

아들러 심리학에서 내가 눈여겨본 부분은 '자유란 타인에게 미움을 받는 것'이라는 대목이었다. 역으로 말해 미움받는 걸 두려워하기 때문에 한없이 불편한 인생을 살고, 불편한 인생을 사니 당연히 불행할 수밖에 없다는 주장이다. 요컨대 인생을 자유롭고 행복하게 살고 싶으면 남들에게 욕먹는 걸 두려워하지 말고 남들이 나를 어떻게 생각할까 눈치 보지 말고 자기 인생을 살라는 요지이다.

인간의 고민은 모두 인간관계에서 비롯된다는 설파는 명료하고 명쾌하다. 우리는 태어나는 순간부터 죽는 순간까지 인간의 숲에서 살다 간다. 그 울창한 숲에서 우리는 '나'를 나타내기 위해 고심하고, 타인들이 '나'를 어떻게 볼 것인지에 대해 고뇌한다. 성공하지 못하면 남들로부터 무시당할 거라고 두려워하고, 능력을 인정받지 못하면 사회의 낙오자가 될 거라고 두려워한다. 뭔가를 하고 싶어도 남들이 나를 어떻게 생각할지를 먼저 떠올리고, 그것이 두려워 포기하는 경우가 훨씬 많다. 내가 나의 인생을 살지 못하고 남들을 위한 '맞춤 인생'을 만들어 나가는 것이다. 그것을 어떻게 '나의 인생'이라고 말할 수 있을까.

베르나르 앙리 레비Bernard-Henri Levy는 프랑스의 철학자이다. 작가, 영화감독, 저널리스트 등 다방면으로 활동하는 대표적인 프랑스의 지식인이다. 미셸 우엘벡Michel Houellebeeq은 『소립자』라는 소설로 세계적인 작가 반열에 오른 프랑스의 대표적 작가이다. 68세대의 산 증인이자 『인간의 얼굴을 한 야만』으로 프랑스 신철학의 기수로 떠올랐던 앙리 레비와 부모 세대인 68세대를 겨냥한 비판으로 프랑스 문학계에 파장을 몰고 온 『소립자』의 작가 미셸 우엘벡이 6개월 동안 주고받은 28통의 편지를 엮어 『공공의 적들Public Enemies』이라는 책을 출간한 적(2008)이 있다.

『타임TIME』지는 앙리 레비와 미셸 우엘벡을 프랑스 문화와 지성의 끔찍한 쇠퇴를 상징하는 대표적인 인물로 선정한 적이 있다. 뿐만 아니라 대중과 언론으로부터 욕을 먹고 미움을 사면서도 자신들의 주장과 개성을 꿋꿋하게 지켜나가는 이 두 인물은 공공연하게 '공공의 적들'로 불린다. 그들은 6개월 동안 주고받은 편지에서 사르코지가 자신의 전기를 쓴 작가에게 한 말—"당신이 내 명예를 실추시킨다 해도, 그로 인해 나는 성장할 겁니다."—을 인용하기도 하고 니체를 인용—"나를 죽이지 못하는 모든 것이 나를 더 강하게 만든다"—하기도 한다. 뿐만 아니라 자기 당대와 불화했던 보들레르, 사르트르, 장 콕토, 에즈라 파운드, 알베르 카뮈를 불러내 '비난을 즐기는 취향'의 계보를 형성한다.

아무려나 공공의 적임을 자처한 두 인물이 대단한 강단을 지니고 살아가고 있다는 것, 그리고 그들이 누리는 삶의 자유가 바로 그와 같은 비난과 미움을 바탕으로 삼고 있다는 점은 대단한 용기처럼 두드러져 보인다. 요컨대 진정한 자유인의 초상을 목도하게 하는 것이다.

> 여기 몇몇 사람이 쇠사슬에 묶여 있다고 상상해 보라. 모두 다 사형선고를 받았다. 그 가운데 몇 사람이 다른 사람이 보는 앞에서 매일 사형에 처해지고 있다. 남은 사람들은 자신들의 운명도 그 동료들과 같다는 것을 깨닫고, 슬픔과 절망 속에서 서로 얼굴을 보면서 자기 차례가 오기를 기다리고 있다. 이것이 인간의 조건을 묘사한 그림이다. (파스칼, 『팡세』)

파스칼은 남들의 이목에 사로잡혀 불행한 인생을 사는 인간의 조건을 절묘하게 그리고 있다. 날이면 날마다 인간의 심장을 쪼

아대는 여론, 평판, 평가, 험담, 소문, 비난, 미움, 증오, 악플 따위에 얽히고설킨 채 인간은 파스칼의 묘파처럼 누구나 잠재적인 사형수로 살아간다. 남의 이목과 비난을 견디지 못해 자살을 선택한 사람들도 역시 여론 사형제도의 피해자들이다.

21세기, 우리가 살아가는 SNS 감옥은 팡세 시대의 비유가 무차별하게 팽창하고 또한 극대화된 세상이다. 날마다 무차별하게 처형하고 또한 처형당한다. 프랑스혁명 당시 날이면 날마다 무수한 사람들을 단두대의 이슬로 사라지게 한 막스 밀리앙 로베스피에르가 단두대의 이슬로 사라진 아이러니가 온 세상에 만연한 것이다. 그런 관점에서 보자면 인간은 누구도 예외가 될 수 없다.

미셸 우엘벡은 앙리 레비에게 보낸 편지에서 『팡세』를 읽은 후에 세상의 모든 고통을 맞아들일 준비를 하게 되었다고 고백했다. 그는 힘겹지만 세상 사람들의 이목에서 벗어날 용기를 선택한 것이다. 남들의 눈치에 굴복하지 않고, 그것을 뛰어넘어 자기 삶을 살기로 작정한 것이다. 그리고 온갖 비난과 미움을 받으면서도 자기주장을 굽히지 않고 오늘날 가장 개성적인 작가로 자리매김을 하게 된 것이다. 그것은 앙리 레비 역시 마찬가지다.

남들에게 잘 보이는 인생을 살 필요가 없듯 남들에게 욕먹는 일 또한 두려워할 필요가 없다. 그것이 자유의 길이고 행복의 길이다. 남들에게 잘 보이고 인정받고 평가받는 것은 타인을 위한 삶이다.

  나는 지금껏 세상을 살면서 모든 사람에게 완벽한 평가를 받는 사람을 본 적이 없다. 보는 각도에 따라 사람마다 다른 시선과 입장이 존재하니 그런 건 원천적으로 불가능하다. 그러니 욕먹는 일을 두려워하지 마라, 그것이 곧 행복에 이르는 지름길이다.

눈을 크게 뜨고 들여다보라

'엄마'로 시작해 유언으로 끝나는 인생

아이가 세상에 태어날 때 터뜨리는 첫 소리는 울음이다. 물론 그것은 말이 아니다. 언어의 전 단계로서 옹알이를 한 뒤에 처음 입 밖에 내는 말은 대부분 '엄마'이다. 말을 통해 아이들은 의사 표시를 하고, 말을 통해 자신을 에워싼 세계와 소통하는 방식을 자연스럽게 익혀 나간다. 그것이 원활하지 않아 자폐아가 되거나 심리적 장애를 겪는 경우도 있다. 말이 통하지 않으면 단절되고 소외되는 것이다. 말이 얼마나 소중하고 중요한 인생의 도구인가에 대해서는 아무리 강조해도 지나치지 않다.

사람이 한평생 만들어내는 말을 계측하고 계량하기는 어렵다. 장강長江이라거나 대하大河라는 표현을 불러와도 시원치 않다. 말은 의미를 지닌 것이지만 그것이 발설되고 난 뒤에는 휘발성이 있는 것처럼 흔적도 없이 사라져 버린다. 그래서 문자가 탄생하고 기록문화가 생겨났을 것이다. 대부분의 말이 대화의 형태로 교류되기 때문에 인간 세상에서는 말이 곧 관계이고 관계가 곧 말이라는 걸 자연스럽게 인정하게 된다. 인생 만사가 말로 시작해서 말로 끝난다는 의미이다. '엄마'로 시작해서 유언으로 끝나는 인생, 말은 인간을 인간답게 하는 절대적 도구이자 수단이다.

평생 말을 사용하고 살면서 말에 대해 뚜렷하게 개념을 정립하고 사는 사람은 드물다. 말에 대해 뚜렷한 소신을 지니고 산다고 해도 그것의 사용이 절대적 법칙에 의존하는 게 아니라 상대와 상황에 따라 예측불허의 변화를 불러오기 때문이다. 그래서 시간 time, 장소place, 상황occasion을 고려해서 의복을 알맞게 착용하는 T.P.O.를 사람의 화술에도 적극 활용할 필요가 있다.

'한마디 말이 천 냥 빚을 갚는다'는 말이 있다. 반대로 '한마디 말로 사람을 죽일 수 있다'는 말도 있다. 사용자에 따라 말이 얼마나 가변적일 수 있는지를 생각하게 하는 말들이다. 대개의 고사성어는 말의 성찬이다. 말의 사용에 따라 종래의 관념이 바뀌고 사람의 팔자가 바뀌고 목숨이 왔다 갔다 하는 경우가 많다. 숨 막히게 전개되는 TV 드라마나 영화도 말이 없다면 벙어리들의 보디랭귀지와 다를 게 없다. 청사에 빛나는 말의 향연을 한 토막 곁들여 보자.

사마천의 『사기』「평원군우경 열전平原君虞卿列傳」에 나오는 말이다.

진秦나라가 조나라의 수도 한단을 포위하자, 조나라는 당시 전국戰國 사공자四公子 중 한 명인 평원군을 보내 초나라에 도움을 청하도록 하였다. 평원군은 빈객과 문하 중에서 용기와 힘이 있고 문학적 소양과 무예를 두루 갖춘 사람 스무 명과 함께 가기로 약속했다.

평원군이 열아홉 명을 뽑고 나머지 한 명은 뽑을 만한 사람이 없어서 스무 명을 채우지 못하고 있을 때, 모수毛遂라는 이가 앞으로 나서서 스스로 자신을 추천하며 평원군에게 말했다.

"초나라와 합종 맹약을 맺기 위하여 빈객과 문하 스무 명과 함께 가기로 약속하고, 사람을 밖에서 찾지 않기로 했다고 들었습니다. 한 사람이 모자라니 저를 그 일행에 끼워 주십시오."

"선생은 내 빈객으로 있은 지 몇 해나 되었소?"

"삼 년 됐습니다."

"대체로 현명한 선비가 세상에 있는 것은 비유하자면 주머니 속에 있는 송곳과 같아서 그 끝이 금세 드러나 보이는 법이오. 그런데 지금 선생은 내 빈객으로 삼 년이나 있었지만 내 주위 사람들은 선생을 칭찬한 적이 한 번도 없으며, 나도 선생에 대해 들은 바가 없소. 이것은 선생에게 이렇다 할 재능이 없다는 뜻이오. 선생은 같이 갈 수 없겠으니 남으시오."

"저는 오늘에야 당신의 주머니 속에 넣어 달라고 부탁드리는 것입니다. 만일 저를 좀 더 일찍이 주머니 속에 있게 하였더라면 송곳 자루까지 밖으로 나왔을 것입니다. 겨우 그 끝만 드러나 보이지는 않았을 것입니다."

평원군은 결국 모수와 함께 가기로 했다. 열아홉 명은 모수를 업신여겨 서로 눈짓하며 비웃었으나 입 밖으로 그러한 마음을 말하지는 않았다. 그러나 예상과 달리 모수의 큰 활약으로 교섭이 성공리에 이루어졌다. 평원군은 조나라로 돌아와서 이렇게 말했다.

"나는 다시는 감히 선비를 고르지 않겠다. 모 선생의 세 치 혀는 군사 백만 명보다 강했다. 나는 감히 다시는 인물을 평가하지 않겠다."

그러고는 모수를 상객으로 삼았다.

모수가 자신을 스스로 천거했다 하여 '모수자천毛遂自薦'이라는 고사성어가 생기고 평원군이 주머니 속의 송곳을 비유로 삼았다 하여 '낭중지추囊中之錐'라는 고사성어가 생겼다. 기원전 275년의 일임에도 21세기의 현대인들에게 시사하는 바가 참으로 큰 일화가 아닐 수 없다.

　인재를 발굴하는 안목과 자기소개는 과거나 현재나 치열한 눈치 전쟁을 불러오는데 모수가 보여준 도전적인 자세는 선발하는 자의 마음을 흔들기에 충분한 것이었다. 그것의 요체는 모수의 입 밖으로 흘러나온 말에 함축돼 있었다. 평원군의 고정관념을 깨는 낭중지추에 대한 전복적 언어, 그리고 그것을 구사할 수 있는 내적 소양을 그는 넉넉히 갖추고 있었다. 그렇게 결정적인 언변은 결코 우연하게 흘러나오는 게 아니라는 말이다.

　모수뿐 아니라 그를 알아보지 못한 자신의 안목을 반성하는 평원군의 태도에서도 우리는 대인의 자세를 엿볼 수 있다. 지배하는 상사의식, 반성할 줄 모르는 상사의식이 사회의 소통 경락을 막히게 한다는 걸 감안하면 참으로 부러운 면모가 아닐 수 없다.

　말의 진면목은 누가 뭐라 해도 진실성이다. 진실이 담기지 않은 말, 간교하게 꾸며낸 언어를 우리는 교언영색巧言令色이라 부른다. 진실하지 않은 말은 상황에 따라 끊임없이 말을 바꾸고 종래에는 뻔뻔스러운 '모르쇠'를 낳는다. '아는 것이나 모르는 것이나 다 모른다'고 잡아떼는 정치인이나 사회 지도층 인사들을 너무 많이 봐 와서 국민의 입장에서는 이제 '모르쇠가 무엇인지 모른다'고 말하고 싶을 지경이 되고 말았다.

말은 대화의 형식을 취하기 때문에 상대방에 대한 집중과 존중이 무엇보다 중요하다. 대화는 승부가 아니라 소통과 교류를 전제로 하는 것이다. 막힘과 어긋남을 경계해야 한다는 말이다. 말문만 열면 자기 자랑을 일삼는 사람들, 말을 자아도취와 자기 선전의 도구로 악용하는 어리석음을 일삼는 사람들이다. 대인관계를 악화시키고 자신을 스스로 고립시키는 악습이니 그것도 고질병이다. 말은 하는 기능만 있는 게 아니라 듣는 기능도 포함돼 있다는 걸 망각해서는 안 된다.

생각은 길게, 말은 짧게 하라는 말이 있다. 부질없는 말, 장황한 말을 경계하는 말이다. 요점 정리가 되어 있지 않은 말, 맥락을 잃은 말을 한정 없이 늘어놓은 건 인간에 대한 예의가 아니다. 그래서 서양에서는 'KISS 화법'을 중시한다.

'Keep it short & simple'.

요컨대 '짧고 명확하게' 말하라는 것인데 그것을 지키지 못하는 사람에게는 그것이 'Keep it short, stupid!(짧게 해, 멍청아!)'로 비아냥거림의 말이 된다. 아무튼 말은 간단명료할수록 좋은 것이다.

21세기는 외모지상주의와 예능의 시대라고 해도 과언이 아니다. 외모는 뜯어고칠 수 있으니 돈만 있으면 실현 가능하지만 말을 잘하는 능력은 하루아침에 돈으로 이룰 수 있는 게 아니다. TV 예능 프로그램에 나와 많은 사람을 웃기는 연예인을 말 잘하는 사람으로 오해하는 경우가 많으나 실상은 판이하다. 말을 잘하는 것은 공부와 사유를 통한 내적 데이터베이스의 구축 없이는 실현하기 어려운 것이기 때문이다. 좋은 말보다 말장난이 횡행하는 시대, 진지함과 집중력을 상실하게 만든다는 걸 간과해서는 안 된다.

말이 곧 사람이다. 인품과 인격과 인성의 총화가 말로 나타난다고 해도 과언이 아니다. 21세기는 스토리텔링이 중시되는 시대이니 넉넉한 지적 자원과 인생 경험을 바탕으로 풍부한 비유, 인용, 유머, 재치를 구사하여 소통과 교류를 풍요롭게 할 필요가 있다. 책을 많이 읽고, 그것을 의미 있는 말로 구사하는 자기 연마는 평생 지속되어야 한다. 비관하고 공격하고 비판하는 말이 아니라 긍정하고 칭찬하고 감사하는 말의 성찬-세상이 행복한 낙원으로 변할 수 있다면 그것은 오직 말에 의해서만 가능할 것이다.

나의 친절이 먹고살기 위한 연기가 될 때

언제부턴가 '감정노동자'라는 말을 자주 듣는다. 물론 좋은 문제로 듣는 게 아니다. 사회가 떠들썩할 정도의 문제, 예컨대 대기업 임원이 기내에서 서비스를 문제 삼아 스튜어디스에게 폭행을 가하거나 '땅콩 회항' 같은 문제가 불거질 때, 아니면 감정노동자 중 누군가 유서를 통해 직업적인 고통을 호소하는 유서를 남기고 자살하는 경우가 생겨날 때이다.

모든 문제의 도식은 '행하는 자'와 '당하는 자' 사이에서 발생한다. 행하는 자는 자신이 행할 수 있는 자격과 권한이 있다는 망상에 빠져 당하는 자의 인권을 순식간에 짓이겨 버린다. 잡지로 얼굴을 때리기도 하고, 무릎을 꿇리기도 하고, 인격을 짓밟는 끔찍한 욕설을 퍼붓기도 하도, 종내에는 뺨을 후려치기도 한다.

나는 그런 문제가 발생할 때마다 행하는 자들에 대해 기이한 생각에 빠져들곤 한다. 저 사람들은 세상살이를 하면서 감정노동을 전혀 안 하고 사는 사람들인가, 하는 의구심이 들기 때문이다. 인간은 누구나 세상에 태어나 성장하는 과정을 통해 자연스럽게 감정 사용법을 배우게 되고 그것을 통해 소통하고 어울려 사는 법을 배우게 된다. 부모 자식 간에도 감정노동이 필요하고, 형제자매나 친구, 연인 간에도 감정노동이 필요한 법이다. 직장 동료나 상사 사이의 문제는 거론할 필요도 없다. 요컨대 세상만사가 감정노동과 연관돼 있고 그것에서 완전히 벗어난 사람은 존재할 수 없는 것이다.

갑질로 물의를 일으킨 문제적 인물들도 누군가에게는 감정노동을 해야 한다. 그것을 통해 자신의 현재 위치를 지켜나갈 것이기 때문이다. 갑질하는 이사도 회장에게 감정노동을 해야 하고, 갑질하는 여자도 자식과 남편에게 감정노동을 해야 하는 게 세상살이인데 그들은 왜 그렇게 상식 밖의 자기 파탄을 초래하는 것일까.

갑의 위치에 있으면서도 친절하고 성실하고 겸손한 사람들이 많다. 세상에 나서지 않고 조용히 자기 일에 종사하며 힘든 이웃을 돕는 갑들도 많다. 그들은 진정한 갑의 의미를 아는 사람들이다. 하지만 감정노동자들에게 잔혹한 갑질을 해대는 사람들에게는 갑질에 준하는 자기 망상과 분열이 존재한다. 자기가 최고라는 망상이 깨지는 환경에 노출되면 대책 없이 분열을 일으키는 것이다. 자기만 알고 남을 존중할 줄 모르는 안하무인, 그런 사람들을 세상에서는 '진상'이라고 부른다.

갑의 삶을 성실하게 사는 게 노블레스 오블리주noblesse oblige이다. 명예만큼 의무를 다할 줄 알아야 진정한 갑이 될 수 있다는 말이다. 지위나 재물이 아무리 높고 많이 쌓인들 세상으로부터 존중받고 존경받지 못한다면 허세의 근거에 지나지 않는다. 부와 명예, 직위 같은 것에는 반드시 옵션이 따르니 항상 자기 경계를 게을리해서는 안 된다는 말이다. 갑의 지위에 오르기 위해 치렀던 감정노동, 갑의 지위를 지키기 위해 유지하는 감정노동을 감안한다면 이 세상에 함부로 대할 수 있는 감정노동자가 한 명도 없다는 걸 절로 알게 될 것이다. 어차피 동병상련 아닌가.

'친절'은 특정한 상황에서 상대를 대하는 태도를 일컫는 말이다. 친절이 문제가 되는 경우는 그것을 베푸는 사람과 그것을 받는 사람 사이에 다툼이 생겨날 때이다. 친절을 베푸는 사람과 그것을 받는 사람 사이에 편차가 생길 수 있다는 말이다. 그 편차는 상대로부터 오는 게 아니라 자신에게서 비롯된다는 걸 모르기 때문에 베푸는 사람도 받는 사람도 자기 기준에 입각해 주관을 앞세우게 된다. 그래서 진정한 친절은 타인이 아니라 자신을 향한 것이라는 지향성에 타당성이 생긴다.

오래전부터 전해져 오는 이야기 한 토막을 인용해 보자.

젊은 수도승 둘이 길을 가다가 장마로 물이 불어 개천을 건너지 못하고 서 있는 아름다운 여인을 보게 되었다. 처지가 딱하다는 것을 단박 알아차린 한 수도승이 스스럼없이 여인 앞에 등을 대며 자신에게 업히라고 했다.

여인은 수도승의 등에 업혀 무사히 강을 건넌 뒤 감사하다는 인사를 몇 번이나 남기고 사라졌다. 여인이 사라지자 그때까지 묵묵히 침묵을 지키던 다른 수도승이 물었다.

"스님, 출가 수행자가 여인을 가까이해서는 안 된다는 걸 알면서 어찌 그런 행동을 하신 겁니까?"

그 스님의 말을 듣자마자 여인을 업어준 스님은 파안대소하며 이렇게 응대했다.

"나는 개천을 건너자마자 여인을 내려놓았는데 스님은 아직도 그 여인을 업고 계십니까?"

진정한 친절은 인간적 조건을 뛰어넘는다. 인간의 조건을 초월할 수 있기 때문에 진정한 친절은 사람과 사람을 연결하는 가장 뜨겁고 감동적인 도화선이 된다. 우리 사회가 진정한 친절로 온기를 회복하고 서로 어울려 뜨거운 가슴을 나누려면 여인을 업고

건네준 스님처럼 자신보다 남의 처지를 먼저 헤아릴 줄 아는 배려심이 우선되어야 하는 것이다.

을의 친절보다 갑의 친절이 넘쳐나는 사회를 상상해 보라. 진정한 갑질이라는 게 자신의 권위를 내세워 남을 못살게 굴고 남의 인격을 모욕하는 것이 아니라 자신의 지위에 걸맞은 인격을 바탕으로 자신에게 주어진 권한과 책무를 다른 사람을 위한 배려와 격려로 돌릴 줄 아는 사람들에게 붙여지는 멋진 행동 양상으로 통용되는 사회를 상상해 보라.

친절에 관한 한 우리 사회는 아직 뜨겁고 따뜻한 가슴을 지닌 사람들이 압도적으로 많다. 갑의 위치에서 자신을 드러내지 않고 '진정한 갑질'을 하는 훌륭한 인사들도 많다. 언제 어떤 상황에서건 친절함으로써 고객에게 진정한 감동을 주는 감동적인 감정노동자들도 많다.

내 전화번호부에는 얼굴 한 번 본 적 없는 몇몇 상담사들의 전화번호가 저장돼 있다. 그 분야에 대해 문의할 일이 생길 때마다 거리낌 없이 전화를 걸어 자문을 구하게 되는 사람들, 자기 일처럼 아무 때나 마음을 다해 문제를 해결해 주는 고마운 사람들의 명단을 지니고 산다는 게 이렇게 감사할 수가 없다. 받아본 사람이 베풀 줄 알고, 베풀어본 사람이 더 베풀 줄 안다는 건 만고불변의 진리가 아닌가.

친절의 반대말은 당연히 불친절이다. 하지만 나에게는 친절의 반대말이 차별이라는 생각이 든다. 지금 우리 사회에서는 상품화된 친절이 감정노동자들을 차별하고 함부로 대할 수 있는 악용의 근거로 전락하고 있기 때문이다. 괴테가 친절을 '사회를 결속시키는 금金사슬'에 비유했던 걸 생각하면 참으로 안타까운 일이 아닐 수 없다. 또한 유럽연합은 직장에서 받는 직무 스트레스를 차별 행위로 간주하고 법을 통해 이를 처벌할 수 있도록 한다고 하니 직무 스트레스를 산업재해로 인정하지 않는 우리로서는 새삼 부러움이 느껴질 따름이다.

친절이 차별을 불러오는 사회에서는 사람과 사람 사이에 진정한 교류가 이루어지지 않는다. 친절을 받는 사람과 친절을 베푸는 사람, 갑질을 행하는 사람과 당하는 사람이 계급적으로 존재할 뿐이다. 상품화된 친절을 기업이 선도하고 그것으로 직원들의 목줄을 쥔다는 건 기업 경쟁의 건전성을 왜곡하고 폄훼하는 낙후된 기업문화를 반영할 뿐이다. 기업 차원에서 진정한 친절을 고객에게 베풀고 싶다면 직원들이 자신을 존중하고 아낄 수 있는 개인적 배려부터 우선해야 할 것이다. 진정한 친절이 남을 감화시킬 수 있는 힘이자 용기라면 나를 사랑하는 일이 우선되어야 하기 때문이다.

결론적으로 말해 진정한 친절이란 내가 나에게 진실해지는 것이다. 내가 나에게 진실해진다는 건 나를 소중하게 아끼고 사랑하고 존중하는 것이다. 거기서 자연스럽게 발효되고 우러난 맑은 기운이 남에게 전해질 때 우리는 그 친절의 기운으로부터 무한한 감동을 받게 된다. 세상에는 참으로 많은 감동의 요소가 있지만 사람에게서 느껴지는 감동보다 더 크고 깊은 건 없다.

내가 과연 친절한 존재인가를 알기 위해서는 타인이 아니라 내가 나를 대하는 자세부터 살펴야 할 것이다. 나를 보살피지 않고 연출하는 모든 친절은 값싼 연기에 불과하기 때문이다. 내가 나에게 진실해지는 것, 그것이 타인을 위한 최선의 친절이다.

'돈의 순수성'이라는 말, 이해가 되나

돈이라는 말의 어원은 명확하지 않다. 하지만 돈의 흐름이 세상을 돌고 도니 '돈다'에서 비롯되었을 거라는 민간 어원설은 그럴듯하게 여겨진다. 문헌상에 돈에 대한 언급이 최초로 나타난 건 15세기경이라고 하지만 실제로 교환 가치를 지닌 화폐적 기능을 지닌 주화가 나타난 건 기원전 7세기 말이다. 뿐만 아니라 은 같은 귀금속을 돈으로 이용한 관습은 놀랍게도 기원전 24세기의 메소포타미아까지 거슬러 올라간다. 돈이 인류와 함께 해왔고, 인류와 돈이 불가분의 관계라는 걸 알게 해 주는 대목이 아닐 수 없다.

우리나라의 화폐는 1097년(숙종2) 의천義天이 엽전을 만들어 쓰자고 왕에게 건의한 『화폐론』을 지으면서 시작되었다고 한다. 그 책에서 의천은 엽전의 생김새를 밖은 둥글고 안은 모난 것을 제안, 둥근 것은 하늘을 본뜨고 모난 것은 땅을 본떴다고 하니 만물을 하늘이 덮고 땅이 실어 없어지지 않게 하는 이치를 구현한다고 했다. 또한 그와 같은 생김새를 한 돈은 어디든지 흘러 다니고 상하 백성에게 두루 퍼져 날마다 써도 무뎌지지 않을 것이라 하였다. 이 건의가 받아들여져 국내 최초의 엽전인 해동통보海東通寶가 만들어졌다.

고려 무신란 직후인 12세기 말에, 임춘林椿이 지은 가전체 작품으로 『공방전孔方傳』이 있다. '공'은 둥글다는 뜻이고, '방'은 모나다는 뜻이다. 엽전 형태의 돈을 그렇게 일컬으면서 마치 사람인 것처럼 의인화하여 전傳을 짓고, 그 내력·행적 등을 흥미롭게 서술하였지만 공방은 겉으로는 둥그나 속이 모난 사람이라고 하여 돈의 폐해를 논하는 서두로 삼았다. 똑같은 엽전인데도 이처럼 긍정적인 측면과 부정적인 측면으로 보는 관점이 달라지는 것이다. 예나 지금이나 돈을 바라보는 인간의 양극적 관점에는 다름이 없는 것 같다.

오늘날 자본주의와 사회주의를 막론하고 돈의 가치체계는 절대적인 위상을 확보하고 있다. 자본주의와 사회주의라는 이념적 범주를 보기 좋게 허물고 '머니즘money+ism'을 세웠다고 해도 과언이 아니다. 하지만 그것이 돈에 대한 인간의 무반성적 종속을 의미하는 것이고 돈의 가치를 맹목적으로 부풀리는 것이라면 심각한 문제가 아닐 수 없다. 오스트리아의 경제학자 멩거Carl Menger는 "화폐는 물물교환의 단점을 극복하기 위해 탄생시킨

발명품"이라고 했지만 오늘날 돈의 기능은 그렇게 소박한 차원에 머물지 않는다.

 21세기의 돈은 그 자체가 언어이고 행위이고 사유가 되어 그것이 인간을 움직이게 한다. 인간이 그것을 움직이는 게 하는 게 아니라 그것이 인간을 움직이게 하는 것이다. 뿐만 아니라 인간은 돈을 물질적 대상으로 보지 않고 '돈이 들어온다', '돈이 나간다'고 표현하며 살아 움직이는 존재로 대한다. 돈은 물적 재화로 돌고 도는 성질을 지닌 것인데 어찌하여 이렇게 고매한 존재가 되어 인간의 삶을 철저하게 속박하는 것일까.

 돈을 바라보는 대립적인 두 가지 관점은 예나 지금이나 별반 다르지 않다. 돈을 예찬하는 입장에서는 돈이 삶을 풍요롭게 만들어 주는 긍정적인 재화財貨라고 생각하지만 부정적인 입장에서는 인간의 삶을 황폐하게 만드는 악화惡貨라는 입장이다. 돈을 잘 써서 천국으로 갔다거나 살아 있는 동안 호의호식하고 무사태평하였다는 식의 해피엔딩 얘기는 별로 없다. 없는 게 아니라 너무나도 당연한 얘기이니 만들어낼 필요성을 못 느끼는 것이다. 반면 돈에 관한 부정적인 이야기는 헤아릴 수 없을 정도로 많다.

 예를 들어 보자.

 고려 공민왕 때 어떤 형제가 함께 길을 가다가 아우가 황금 두

덩이를 주웠다. 당연히 형 하나 아우 하나, 둘은 우애를 과시하며 금덩이를 나눠 가졌다. 그런데 기분 좋게 배를 타고 강을 건너던 아우가 갑자기 금덩이를 물에 던져 버렸다. 너무 놀란 형이 다급하게 이유를 묻자 아우가 대답하기를 "금을 나누어 가지니 형을 시기하는 마음이 생겨 금이 상서롭지 못한 것인 줄 알고 물에 던졌습니다!"라고 하였다. 그러자 형도 그 말이 맞다며 자신이 갖고 있던 금덩이를 강물에 던져버렸다.

오늘날 같으면 둘 다 정신병원으로 보내질 만한 행동이라고 질타를 받을 것이다. 뿐만 아니라 두 사람이 금덩이를 버린 강으로 수천수만 명의 사람들이 몰려들어 두 개의 금덩이를 찾기 위해 머리통이 깨져라 자맥질을 해댈 것이다.

작가가 되기 전부터 나는 돈에 대해 부정적인 편견을 지니고 있었다. 작가가 되기 위해 읽어온 수많은 책들로부터 돈은 인간을 망치고 세상을 오염시키는 것이라는 세뇌를 당한 때문이었다. 나만 그런 게 아니라 글쟁이가 된 사람들, 예술 영역에 종사하는 상당수의 사람들이 비슷한 편견이나 고정관념을 지니고 있을 것이다. 그래서인지 예나 지금이나 예술가들 중에는 유난히 가난히 사람이 많다. 하지만 돈이 없고 가난하기 때문에 청렴해지거나 고고해지는 건 아니다. 역으로 돈이 없기 때문에 가난해지는 것도 아니다. 누군가의 말처럼 가난은 돈 때문에 생기는 것이 아니라 마음의 병 때문에 생기는 것이다.

현재 자신의 처지를 돈과 결부시켜 말하는 버릇에 길들여진 사람들이 많다. 모든 게 돈 때문에 어긋나고 일그러지고 망가졌다고 강변하고 싶어 하는 것이다. 자신의 능력과 성실성은 무조건 전제로 하고 오직 돈 때문에 성공하지 못했다고 푸념하는 것이다. 하지만 그것은 사실을 은폐하거나 호도하는 얄팍한 자기변명에 불과하다. 돈은 언제나 동일한 본질, 동일한 기능, 동일한 조건으로 사람을 대하기 때문이다. 역으로 말하자면 사람들이 돈의 속성을 만들어내고 그것을 오염시키고 종내에는 유혹과 타락을 조장하는 악마의 도구로 전락시켜 버렸다고 해도 과언이 아니다. 돈이 그렇게 하는 게 아니라 사람들이 자신의 욕망을 투사해 돈의 진면목을 왜곡시킨 것이다.

『돈의 철학』을 집필한 게오르그 짐멜Georg Simmel은 돈은 '세계상의 상징이자 거울'이라고 강조했다. 돈 자체가 문제가 아니라 그것에 투사되는 인간들의 욕망을 문제 삼는 말이다. 돈을 향한 맹목적 자기 투사는 자아 망실을 불러온다. 돈은 거울처럼 모든 욕망을 되비춰 주지만 자신의 본질을 망실하지는 않는다. 돈은 오직 돌고 돌며 인간과 인간을 연결하고 인간과 인간 사이를 흘러갈 뿐이다. 돈을 향한 자기 투사의 결과, 남는 건 돈으로부터 격리당한 인간의 일그러진 초상뿐이다.

자본주의 체제에서 돈은 존재론적 바탕이다. 노동-월급-의식주 해결의 시스템으로 이루어진 평범한 사람들의 인생은 돈에 의한, 돈을 위한, 돈의 초상에 머리를 조아리지 않을 도리가 없다. 문제는 '돈-나'의 관계성이다. 돈은 나쁜 것도 아니고 좋은 것도 아니고 필수불가결한 인생의 요소일 뿐이다. 문제의 핵심은 그것에 대한 나의 컨트롤 능력이다.

중학교 1학년 때 문방구에서 지갑을 구경한 적이 있었다. 검은 가죽지갑이었는데 그것을 펼치자 안쪽에 금박으로 이런 문장이 새겨져 있었다. "Money, you control it or it controls you!"

그때는 의미도 모른 채 대구對句를 형성한 그 문장이 좋아 자연스럽게 그것을 기억했는데 오늘날에 와서야 '컨트롤'이라는 말이 얼마나 중요한 것인지 비로소 깨닫고 그것의 의미를 곰곰 되새기곤 한다. 돈을 컨트롤하는 게 아니라 돈에 대한 자신의 태도를 컨트롤하지 않으면 우리는 매번 돈의 순수성 앞에 허물어진다. 허물어질 뿐 아니라 돈의 고유성을 오염시키고 그것에다 온갖 욕망과 망상을 투사시켜 아비지옥의 풍경을 연출해 낸다. 돈이 나쁜 게 아니라 제어되지 않는 인간의 욕망이 그릇된 것이다.

'돈이 최고의 가치를 나타낼 때 진리는 입을 다문다'는 제정 러시아 시대의 속담이 있다. 물론 진리는 돈과 무관하다는 말이다. 돈을 진리와 결부시키지 않기 위해 우리는 가감 없이 돈을 돈으로만 보아야 한다. 그래야 돈은 부적절한 상징에서 해방되고 돈 자체의 순수성을 되찾을 수 있다. 돈의 이미지 회복, 돈의 순수성 회복, 그 모든 것이 돈의 초상을 왜곡해 온 인간의 몫이다.

먹기 위해 사는가, 살기 위해 먹는가

언제부터인가 우리가 사는 세상은 '살기 위해 먹는 세상'에서 '먹기 위해 사는 세상'으로 변했다. 원시인들이 살던 수렵 채취 시대에는 오직 생존을 위해 하루하루 먹고 연명하기 위한 인생이 지속됐다. 대의와 명분을 앞세우던 치열한 역사 시대에도 음식에 대한 집착은 멍청하고 아둔한 자들이나 하는 짓거리로 치부해 절제를 앞세운 정신적 측면을 중시했다. 그런데 21세기 첨단 디지털 문명의 중심지인 대한민국에서 언제부터인가 방송, 신문, 잡지, 인터넷을 점령하듯 맛에 대한 정보와 프로그램이 지나치다 싶을 정도로 범람하고 있다. 오죽하니 사전에도 없는 '먹방'이라는 신조어의 사용 빈도가 폭발적으로 증가하고 있겠는가.

맛집 발굴 프로그램, 착한 식당 발굴 프로그램, 건강식에 대한 정보, 불치병을 낫게 하는 음식, 나쁜 음식에 대한 유해 정보 등등을 위해 방송인, 연예인, 요리사, 영양사, 교수, 의사 등등이 출연해 날이면 날마다 음식과 맛에 대한 정보를 쏟아내고 있다. 그러는 과정에서 '맛집 소개 = 대박집 = 좋은 식당'이라는 등식이 성립되어 우리는 인증샷의 세상을 사는 사람들답게 긴 줄이 이어진 식당을 찾게 된다. 그러나 우리에게 전달되는 음식과 맛에 관한 그 숱한 정보는 과연 진실일까?

한때 MSG를 사용하는 식당을 나쁜 식당으로 규정하는 이상한 프로그램이 인기를 끈 적이 있었다. 몹시 자극적인 프로그램이었음에도 시청률이 반영하듯 그 내용에 대한 시청자들의 신뢰도는 무조건적이었다. 그 프로그램이 MSG를 사용하는 식당을 적발하고 고발하듯 방송하는 일련의 과정에 대해 과학적 의학적 식품공학적 입장을 표명하는 단체나 개인을 보기가 힘들었다. MSG가 그렇게 유해한 것이라면 왜 식약청 같은 곳에서 그것의 유해성에 대해 발표하지 않고 그것의 사용을 규제하지 않는가.

나는 나중에야 전문가의 책(『맛이란 무엇인가』, 최낙언)을 통해 그것의 진실을 알게 되었다. MSG가 발효로 만들어지고 우리 몸에 가장 흔한 글루탐산과 똑같은 분자로 이루어져 있고 우리가 조미료로 그것을 섭취하는 정도는 매우 안전하다는 것. 요컨대 그렇게 마녀사냥식으로 MSG를 사용하는 식당을 나쁜 식당으로 찍어버리는 건 그렇게 해야 시청률이 잘 나오기 때문이라는 것. 요컨대 방송국 입장에서는 '시청률이 곧 MSG'일 수밖에 없다는 요지였다. 맛을 내기 위한 MSG, 시청률을 높이기 위한 편법, 뭐가 다른가.

 진정 MSG에 죄가 있다면 저렴한 가격에 뛰어난 감칠맛을 낸다는 것뿐이다. 우리 어머니들의 '손맛' 속에 숨겨진 그 소박한 맛의 비밀을 그런 식으로 까발리던 방송은 슬그머니 세상에서 자취를 감추고 MSG 논쟁도 소멸된 걸 보면 그 방송 프로그램의 저의가 어디에 있었는지 분명하게 알아차릴 수 있겠다.

 여러 해 전, 친한 화가와 한 조가 되어 실크로드 탐사를 한 적이 있었다. 고비사막과 타클라마칸 사막지대를 거치며 밤 열차에서 잠을 자고 낮에는 탐사를 해나가는 악전고투의 나날이었다. 무슬림 위구르인들의 자치 구역이 이어지고 음식도 입에 맞지 않아 애를 먹고 있었다. 그러던 어느 날 새벽, 동행하던 화가가 비장의 무기라도 되는 듯 나에게 회심의 미소를 지으며 컵라면에 물을 부어 건넸다. 유럽의 지붕인 융프라우 정상에서도 준다는 바로 그 컵라면이었다. 감로수라도 받아 마신 듯 그것을 먹고 나자 정신이 번쩍 났다. 그때 그 화가가 일갈했다.

 "역시 한국인의 힘은 MSG!"

 맛있는 음식 앞에서 우리는 다소 흥분한 채 시각적으로, 후각적으로, 그리고 종국에는 대뇌적으로 맛에 함몰된다. 먹방에서 그것을 기막히게 연기하는 연예인들을 보면 찬탄을 넘어 가증스

럽다는 거부감이 느껴질 정도이다. 그들은 온몸이 흥분한 듯 코를 벌름거리며 냄새를 맡고 음식을 입에 넣어 저마다 맛있게 먹는 포즈를 보이려고 기막힌 연기력을 과시한다. 눈을 감고 음미하는 포즈를 보이다가 이윽고 한 마디씩 식감에 대해 추상적인 표현을 한다. 하지만 맛에 대한 그들의 표현은 어차피 일방적인 것일 수밖에 없다. 왜냐하면 맛이 무엇인지를 모르고 하는 말들이기 때문이다.

맛이 뭔가.

우리가 상식적으로 알고 있는 맛은 '혀에 있는 미뢰에서 느끼는 감각'이다. 미뢰라는 미각세포에 무엇인가 닿게 되면 그 정보가 신경세포를 통해 뇌로 전달되어 단맛, 신맛, 쓴맛, 감칠맛, 매운맛, 떫은맛으로 분류하고 인식한다. 미뢰를 통해 느낄 수 있는 본질적인 맛이 다섯 가지뿐이라면 어떻게 그토록 다양한 음식과 다양한 맛이 탄생할 수 있을까?

놀랍게도 다섯 가지 본질적인 맛 이외 우리가 느끼는 천차만별한 맛은 실제 맛이 아니라 '향香'이라고 한다. 음식을 먹을 때 입에서 코로 연결된 작은 관으로 휘발되는 100만분의 1 이하의 향기 물질이 천차만별한 맛을 가름한다는 것이다. 후각적인 도움이 없다면 갖가지 맛을 음미할 수 없다는 뜻이기도 하다.

결국 맛을 좌우하는 결정적 기관은 입보다 후각이다. 인간의 뇌에서 후각에 할애된 세포가 고작 0.1%에 불과하지만 후각세포의 종류는 400가지나 된다. 시각에 3개, 단맛에 1개, 감칠맛에 2개가 존재하는 것에 비하면 엄청난 분량이 아닐 수 없다. 인간이라는 복합체를 구성하는 전체 유전자가 고작 2만 3천 개인데 그중에 400개라니, 후각이 얼마나 큰 영역을 차지하고 있는가!

먹방에 등장하는 연예인들을 위시하여 맛을 즐기는 모든 사람들은 결국 맛이 아니라 향을 즐기는 것이다. 그것이 맛인 줄 알고 먹지만 향에 속는 셈이다. 이런 방식으로 뇌가 인간을 속이는 게 한두 가지가 아니니 탐구심이 생기는 분들은 뇌과학 분야에 관심을 가져보는 것도 좋을 것이다. 아무려나 향을 맛으로 둔갑시키는 기술은 점점 고도화되고 있다. 우리는 대책 없이 그것에 함몰되어 방송이나 매체를 통해 자극을 받고, 자극을 받으면 속수무책으로 그것을 먹고 싶어 하는 조건반사에 길들여져 간다.

먹기 위해 사는가, 살기 위해 먹는가.

먹는 일은 생명과 직결된 일이다. 하지만 문명의 발달과 식문화의 발달로 그것은 생명을 유지하는 일보다 쾌락 쪽으로 지나치게 경도되어 많은 사회적 문제를 야기하고 있다. 왜곡된 식문화와 왜곡된 식습관 속에서 우리네 삶의 패턴이 망가지고 있기 때문이다.

'그 사람이 먹는 것이 곧 그 사람'이라는 말처럼 식습관은 중요하고 근본적이다. 하지만 지나치게 맛있는 것만 찾고, 지나치게 아름다운 것만 추구하고, 지나치게 풍요로운 것만 지향하는 삶의 태도는 결국 나머지 반쪽의 상실을 통한 보이지 않는 장애를 불러온다. 맛있는 음식만 먹고 살던 사람이 그 반대의 환경에 던져지지 말란 법이 어디 있는가.

평생 맛있는 음식만 골라 먹을 수 있는 조건이 보장되지 않는 한 평소부터 다양한 음식을 경험하며 식습관을 개량할 필요가 있다. 인생의 드라마에는 굴곡과 난관이 많으니 풍요로운 삶을 살지라도 거칠고 담박한 삶에 대한 이해와 경험도 반드시 갖춰야 한다.

나는 인생을 살면서 이런 반전 드라마의 주인공들을 너무나 많이 보아왔기 때문에 인생이라는 게 보장성 보험과는 거리가 먼 극기 학교라는 생각을 하고 있다. 좋은 것의 끝에는 나쁜 것, 나쁜 것의 끝에는 좋은 것이 항상 대기하고 있는 것이다. 순환, 그것이 곧 우주를 운영하는 근본 법칙이기 때문이다.

모든 것은 돌고 돈다. 자전하고 공전하는 가운데 우주의 변화가 이루어지고, 하루 24시간 단위의 삶을 죽을 때까지 되풀이하는 가운데 인생의 변화가 이루어진다. 인간의 삶에서 섭생은 몸시 중요하다. 하지만 그것이 맛에 대한 집착과 경도를 의미한다면 한 사회 전체의 정신적 장애로 심화될 가능성이 크다.

혀 안에 잠시 머무는 감칠맛이나 귓전에 잠시 머무는 아름다운 선율은 순간에 느끼고 스러지는 환영이다. 맛이 향인 이유도 그것이 실재가 아니고 환영이라는 의미이다. 우리 삶이 그런 환영에 경도되면 근본적인 것을 추구하지 못한다. 즉 삶의 진정한 뿌리가 부실해지는 것이다.

오래가는 것, 세월이 흘러도 변하지 않는 것을 추구해야 하지만 그것이 무엇인지에 대해서는 이 자리에서 굳이 이야기할 필요가 없을 것이다. 이미 많은 선인들이 누누이 가르쳐온 것들이고 그것을 알고자 한다면 스스로 공부해야 하기 때문이다.

> 화려한 색을 추구할수록 인간의 눈은 멀게 된다.
> 세밀한 소리를 추구할수록 인간의 귀는 먹게 된다.
> 맛있는 음식을 추구할수록 사람의 입은 상하게 된다.
> 얻기 힘든 물건에 마음을 빼앗기면 사람의 행동은 무자비하게 된다. (노자, 『도덕경』)

이것도 명작, 저것도 명작, 누구 마음대로 명작인가

언제부터인가 우리나라 출판계에 세계명작 출판 붐이 일기 시작했다. 문학 서적을 출판하는 유수의 출판사는 대부분 세계문학전집을 출간하고 있다고 해도 과언이 아닐 정도이다. 지금도 계속 출간되고 있고 앞으로도 계속될 것이니 종국에 얼마나 많은 세계명작이 출간될지 알 수 없는 일이다. 몇천 종을 넘어 몇만 종에 이르면 명작의 범람으로 '명작'이라는 타이틀이 무색해질 것이다. 그러니 명작 출판에 따른 작금의 경쟁과 부작용을 우려하며 어떤 게 명작이고 왜 명작인지, 그것은 어떤 기준에 의해 언제부터 목록이 만들어지고 또한 전수되었는지 한 번쯤 되짚어보지 않을 수 없다.

이 문제에 명쾌하게 답할 수 있는 사람은 많지 않을 것이다. 그 많은 작품을 모두 읽고 분석한 사람도 없을 것이고, 한 작품 한 작품이 명작으로서의 검증 절차를 거쳤다는 증거도 없기 때문이다.

언제, 어디서, 누가, 어떻게 명작을 선정했는지 경위를 밝히고 있는 작품이 한 편도 없기 때문이다. 작품 선정이란 신춘문예나 장편소설 공모와 비슷한 구석이 있어서 심사를 누가 하느냐에 따라 운명이 갈리는 경우가 많다. 심사위원마다 취향과 기호가 다르기 때문에 그것으로부터 생겨나는 영향이 지대하다는 것을 부정하기 어렵다는 말이다.

강의나 강연을 하다 보면 좋은 책을 추천해 달라는 요구에 직면할 때가 많다. 그럴 때마다 나는 세상에는 자신에게 필요한 책, 자신과 인연이 있는 책, 자신에게 좋은 책이 따로 있으니 스스로 그것을 찾는 탐사의 길을 떠나라는 조언을 한다. 시류에 편승한 베스트셀러 따라 읽기를 지양하고 자신을 위한 책을 찾는 과정에서 새롭고 창의적인 인생의 진로를 발견할 수 있다는 견해 때문이다. 뿐만 아니라 독서란 꼬리에 꼬리를 물며 이어지는 내면 탐사의 과정과 같아서 책을 읽는 동안 그다음에 읽을 책이 자연스럽게 나타나게 된다. 그 과정을 지속하면 자신만의 관심 분야에 따른 지도가 만들어지고 잠재의식 속에 숨어 있던 의외의 적성이 발견되기도 한다.

이러한 나의 평소 지론과 달리 근년 들어 나타나고 있는 세계 명작의 범람은 진지한 독서를 꿈꾸는 사람들에게 적잖은 혼란을 주고 있다고 판단된다. 하루가 멀다 하고 쏟아지는 명작, 그것을 읽어야 한다는 무의식적 강박, 그것을 읽지 않고 있다는 데서 발생하는 불안, 그것을 읽었다고 독후감을 올리는 블로거들에게 느끼는 상대적 박탈감 등이 뒤섞여 그것은 우리 삶을 불편하게 만드는 사회적 스트레스로까지 확장된다. 세계명작 목록은 누가 만들고 그것은 왜 '반드시 읽혀져야 한다'는 사회적 억압 기제로 작용하는 것일까.

안타깝게도 세계문학의 한국 이식은 일제 강점기에 맥이 닿아있다. 명작의 진정한 의미가 왜곡되고, 그것이 명사名士들의 무비판적인 수용과 자기 과시로 이어지면서 세계명작은 교양의 표본이 되고 그것을 읽지 않는 사람은 교양이 없는 것으로 치부당하는 터무니없는 문화적 토양이 조성된 것이다. 신조사판 세계문학전집은 당시 영국에서 출간된 '에브리맨 총서Everyman's Library'가 모델이었다고 하는데 일본에서 출간될 당시에도 '교양'을 내세운 광고 전략으로 엄청난 판매 부수를 기록했다고 한다. 그것이 일제 강점기에 이 땅으로 건너와 교양의 필수조건이 되는 데에 명사들의 선전과 권유가 결정적인 역할을 했다고 봐야 할 것이다.

신조사 세계문학전집을 얘기할 때마다 등장하는 인물이 소설가 김동리 선생인데, 나도 대학시절 그분께 소설 창작 강의를 수강했기 때문에 세계문학전집의 중요성에 대한 얘기를 여러 차례 들은 적 있었다. 하지만 내가 대학을 다니던 시절에는 정음사, 을유출판사, 신구문화사, 삼중당문고, 동서문화사, 삼성출판사, 금성출판사 등등의 출판사에서 세계문학전집을 출간해 치열하게 경쟁하던 시기였다. 그 맥이 오늘날까지 이어져 이제 대한민국은 세계문학전집의 쓰나미를 경험하고 있다고 해도 과언이 아닐 정도가 되었다.

나는 고등학교 시절부터 '정음사 세계문학전집 세대'로 자라며 책 읽는 것이 지식과 교양 행위의 으뜸이라고 생각하며 성장했다. 그래서 고교 시절 세계문학전집 중 몇 권을 읽었는지, 지금 몇 권째 읽고 있는지를 친구들과 견주던 부끄러운 기억이 남아 있다. 그것이 나의 의식 속에서 부끄러운 기억으로 전락한 것이 얼마나 다행스러운 일인가. 그것을 여전히 자랑삼는 속물 교양의 소유자로 행세하고 있는 나를 상상해보면 온몸에 소름이 돋는다.

세계문학, 세계명작의 홍수 속에서 우리는 책을 읽고도 불유쾌한 독후감에 시달리는 경우가 많다. 서구문학을 세계문학으로 착각하게 만드는 목록, 많이 팔린 책을 명작으로 호도하는 목록, 판권 확보를 위해 마구잡이로 사들인 수준 이하의 목록에서 생겨나는 피로감 때문이다. 그렇게 무차별적으로 쏟아지는 명작으로 '포장'된 책들에 독자는 냉담하게 반응해야 한다.

한 권의 책을 읽어도 남에게 권하고 싶은 책을 골라 읽고, 읽은 책을 놓고 대화를 나눌 수 있는 소통의 장을 마련해 정보를 공유할 필요가 있다. 세계명작이 교양의 척도라고 착각하여 고문하듯 읽기 어려운 책을 억지로 읽고는, 그것을 힘들여 읽었다고 유세하는 행동을 지양하고 책에 대한 자신의 주관을 분명하게 설정할 필요가 있다. 뿐만 아니라 책과 교양을 연결 지으려는 식민지적 잔재를 훌훌 털어버리고 즐거운 '나눔과 소통'의 재료로 책을 활용해야 한다.

문제의 핵심은 인간과 인생이다. 이 세상의 모든 문학은 인간과 인생을 주제로 삼고, 그것이 없다면 문학의 존재 기반도 흔들릴 수밖에 없다. 때문에 진정 좋은 책은 우리로 하여금 인간과 인생의 문제를 생각하게 만들고, 그것을 타자들과 나눌 수 있는 대화의 장을 마련해 준다. 이것이 바로 진정한 명작의 조건이다. 그러므로 화려한 장정裝幀, 넘쳐나는 홍보물, 과장된 추천사와는 별개로 좋은 책을 찾고자 하는 독자적인 탐사 과정을 꾸준히 지속해야 한다.

양서良書를 찾기 위한 탐사는 혼자 하는 것보다 몇 명의 독서 그룹을 만들어 함께 진행하면 좋다. 나는 몇 년 전부터 세계명작의 여부를 떠나 '좋은 책'을 찾기 위한 그룹 탐사를 진행하고 있다. 수만 권의 책을 대상으로 삼지만 진정한 명작의 조건을 두루 갖춘 책을 발견해 내는 건 결코 쉬운 일이 아니다. 일단 일정량의 좋은 책을 확보한 뒤에는, 그 목록을 끝없이 확장해 나가는 것보다 그것들을 읽고 또 읽으며 음미하는 시간을 갖는 게 좋다. 뿐만 아니라 목록을 공유하는 사람들과 대화의 장을 만들어 서로 다른 의견을 주고받을 필요가 있다.

  나도 좋은 책의 목록을 만들기 위한 탐사를 진행하고 있지만 모든 분야의 책들을 다 섭렵한다고 해도 최후까지 남겨질 좋은 책의 목록은 열 권이 채 되지 않을 것이라 확신한다. 불멸의 에너지를 담은 책, 읽을 때마다 다른 의미로 재해석되는 책, 책이 아니라 나를 비추어 보게 하는 거울 같은 책을 찾아내는 일은 하늘의 별 따기처럼 어렵다. 그런 책을 열 권 정도만 확보할 수 있다면 죽는 날까지 머리맡에 두고 읽고 또 읽으며 인간과 인생을 음미하고 또한 되새길 수 있으리라.

빌어먹을 교양, 썩어빠질 교양의 시대에

세상을 살면서 우리는 '교양'이라는 말을 자주 접하고 사용한다. 교양과목, 교양도서, 교양프로그램, 교양교육, 교양강좌, 교양학점, 교양학부 등등. 자신의 교양이 부족하다고 생각하거나 교양이라는 말에 민감한 사람들은 시간을 할애해 교양강좌를 들으러 다니거나 영화, 연극, 뮤지컬, 음악회, 전시회 등등을 보러 다니며 교양을 함양하려는 노력을 아끼지 않는다.

"당신은 교양이 뭐라고 생각하세요?"

그들 중의 누구를 잡고 물어봐도 교양이 무엇인지 명쾌하게 대답하는 사람은 없다. 굳이 대답을 원하면 '무식하지 않은 것'이라거나 '우아한 것'이라고 막연하게 대답하는 사람이 많다. 그래, 교양이 무식이나 천박의 영역에 속하지는 않겠지만 유식이나 우아함 자체가 교양의 절대적인 조건이 되는 건 아니다. 많이 배우고 학식이 높은 사람이 교양 없는 짓을 해서 사회적인 물의를 일으킨 경우가 얼마나 많은가.

요컨대 교양은 고급 레스토랑에서 식사 매너를 잘 지키는 정도로 충족되는 게 아니다. 그러니 교양을 '무식하지 않는 것'이나 '우아한 것'으로 막연하게 치부하는 사람은 무식과 천박에 대한 두려움 혹은 유식이나 우아함에 대한 갈망을 교양과 혼동하는 것인지도 모른다.

디지털 문명과 양자역학과 평행우주론이 대중화된 21세기의 전체적 정황을 일별하건대 그것은 일부 사람들의 문제로만 보이지 않는다. 시대 전체가 교양의 미궁에 빠져 새로운 개념과 가이드라인을 설정하지 못하고 있는 것이라면 문제는 의외로 심각하다. 교양에 대한 시대적 개념이 모호한데 그것이 산업이 되고 문화적 권력이 되어 세상을 호도한다면 교양에 대한 공포와 무지에 떠는 맹목적 추종 세력은 또다시 정신적 암흑기를 맞이하게 될지도 모른다.

교양의 사전적 의미는 아주 간단하다. 가르치고[教] 기르는[養] 것. 영어 culture의 원뜻은 '경작'이고 독일어 Bildung은 '형성'이다. 한자어나 영어나 독일어나 대동소이하게 '사람을 만든다'는 의미를 지니고 있다. 그러니 교양이란 간단히 말해 '사람을 사람답게 만드는 것'이라고 해도 과언이 아니다. 하지만 사전적 의미는 그렇게 간단한 것 같아도 사람을 사람답게 만드는 구체적 방법론으로 접어들면 사람들은 곧바로 길을 잃고 헤맨다.

"교양 있는 여자가 되는 방법을 알려 주세요."

남자친구가 교양을 쌓으라고 했다며 어떤 여학생이 인터넷에 글을 올렸다. 남자친구에게 그런 말을 들었으니 자존심이 몹시 상했을 터였다. 그녀를 위한 답변 글이 몇 개 올라왔다. 남자친구에게 그런 말을 들었다는 사연까지 덧붙인 걸 감안한다면 답변 글이 의외로 적었다. 뭐 그런 자식이 있느냐며 당장 때려치우라는 식의 감정적 대응도 거의 없었다. '교양 있는 여자가 되는 법'이라고 알려준 내용은 더욱 난감했다. 꼿꼿이, 독서, 요리, 목소리를 낮추기, 말수 줄이기, 뉴스 보기, 인터넷 검색으로 공부하기, 튀는 의상 자제하기 등등.

'사람이 알아야 할 모든 것'이라는 부제를 달고 2000년 5월 독일에서 출간된 디트리히 슈바니츠의 『교양Bildung』이라는 544쪽 분량의 책은 인터넷 검색의 시대에도 불구하고 밀리언셀러를 기록하는 기현상을 낳았다. 종이책 백과사전들이 모두 절판되고 구글을 위시한 검색 포털들이 신적 권능을 구가하는 시대에 이런 시대착오적이고 무모한 책이 독자들로부터 의외의 환대를 받게 된 이유는 무엇일까?

그것은 넘쳐나는 인터넷 정보의 바다에서 난파 위기에 처한 사람들이 적절한 나침반을 갈망하고 있다는 반증일 것이다. 뿐만 아니라 교양은 검색 엔진의 즉각적인 답변으로 얻을 수 있는 게 아니라는 가치 존중심이 작용했기 때문일 것이다. 하지만 독자들의 반응에도 불구하고 책의 내용은 옛날 백과사전의 압축판이라고 해도 과언이 아닐 정도의 지식 나열이 주를 이루고 있다. 지식과 교양을 여전히 동일시하고 있다는 반증이 아닐 수 없다.

교양의 출발점을 지식으로 삼는 건 전형적인 서구적 발상이다. 그리스 철학이 눈을 뜨던 초기부터 현재까지 문제의 답을 밖에서 찾으려는 일관된 지향성은 사람을 사람답게 만드는 교양의 범주까지 지식의 울타리 안에 가두는 결과를 낳았다. 역사, 문학, 예술, 철학의 지식을 적당히 습득하면 교양 있는 사람이 될 수 있다고 생각한 것이다.

앎에 대한 갈망이 크던 시대에는 그런 분야의 지식 습득이 교양의 중요한 덕목이 되었던 게 사실이다. 하지만 지금은 과학 분야의 비약적 진보로 인해 인류가 누적해 온 고전적인 지식들이 대부분 산성화되고 있다. 심지어 『통섭Consilience』의 저자 에드워드 윌슨 같은 사람은 모든 분야의 지식을 자연과학과 인문과학을 바탕으로 대통합해야 한다는 과감한 주장까지 했다.

과학자들의 종교에 대한 공격도 극단에 이르러 『이기적 유전자Selfish Gene』로 명성을 얻은 리처드 도킨스는 『만들어진 신The God delusion』에서 창조론의 허울과 실상을 지적하며 "책을 펼칠 때 종교를 가졌던 독자들은 책을 덮을 때면 무신론자가 되어 있을 것이다"라고 장담하며 종교를 악덕한 것으로 치부했다. 코페르니쿠스와 갈릴레오 시대의 수난을 생각하면 상상도 할 수 없는 변화가 아닐 수 없다.

서양에서 교양의 절대적 덕목으로 지식을 숭배했다면 동양에서는 위기지학爲己之學과 위인지학爲人之學으로 분명한 대척점을 형성한다. 위기지학은 자신의 내적 성장을 위한 공부이고 위인지학은 남에게 드러내 보이기 위한 공부이다. 위기지학은 수기치인修己治人의 관점에서 바람직한 것으로 독려했으나 위인지학은 잘난 체하기 위한 공부라 경계의 대상으로 삼았다. 이와 같은 관점에서 보자면 서양의 교양필수인 지식은 전형적인 위인지학이니 동서양의 차이가 극과 극이라 하지 않을 수 없다.

교양의 관점에서 동서양을 비교해 보면 한 가지 공통된 문제점이 발견된다. 동양이나 서양이나 학문과 지식에 대한 의존으로부터 자유롭지 못하다는 것이다. 서양에서는 지식을 습득해 교양인이 되고 동양에서는 학문을 닦아 성인군자가 되는 것이 지고지선이었으니까 말이다. 그런 것들을 지금 우리가 몸담고 살아가는 21세기의 교양 덕목으로 내세운다면 사람들은 이구동성으로 '헐~' 하는 표정을 지을 것이다.

귀에는 무선 이어폰을 꽂고 손에는 스마트폰을 들고 외장 뇌처럼 활용하는 현대인들에게 화석화된 지식을 암기하고 학문을 위해 날마다 골방에 틀어박혀 있으라고 하면 어떤 반응들을 일으킬까.

십중팔구 "빌어먹을 교양, 썩어빠질 교양!"이라며 가운뎃손가락을 치켜세울 것이다. 심하면 폭동을 일으킬지 모른다. 그들은 공자, 맹자, 소크라테스, 예수, 부처의 영향권에 있는 존재들이 아니다. 그들은 첨단 IT산업의 혜택 속에서 성장하고 첨단과학의 진보에 관심을 두며 양자역학, 뇌과학, 평행우주 분야의 에세이, 다큐멘터리, 만화, 영화가 홍수처럼 쏟아지는 시대를 살아가는 존재들이다. 그런 세대에게 제시할 수 있는 교양의 화두는 과연 무엇일까.

21세기의 많은 과학자들은 평행우주론을 놓고 혈투를 벌이고 있다. 양자론에서 출발해 끈 이론을 거쳐 평행우주를 상정하고 무수한 우주에 나와 똑같은 인간이 살고 있다는 공상과학만화 같은 이론을 개진하고 있는 것이다. 평행우주론이 이론물리학이니 직접적으로 증명을 할 방도도 없다. 누가 다른 우주로 나가 다른 나를 만나고 올 수 있겠는가.

비판론자들은 평행우주를 미친 생각으로 치부하지만 아인슈

타인도 닐스 보어와의 논쟁에서 평행우주의 근거가 된 양자역학을 부정하다 결국 무릎을 꿇고 말았다. "신은 주사위 놀이를 하지 않는다"는 저 유명한 언급에 대해 닐스 보어는 "신이 주사위 놀이를 하든 말든 당신이 상관할 바가 아니오"라고 자연과학의 확률적 가능성에 못을 박았다.

나는 무엇인가.

원하건 원치 않건, 그것이 21세기에 지구에서 살아가는 모든 인간들에게 주어진 화두가 되어버렸다. 지금 지구에 존재하는 나 말고 다른 우주에도 여럿의 내가 존재한다면 그것 자체가 평생 품고 살아야 할 문제이자 풀어야 할 과제가 아닐 수 없다.

요컨대 교양은 인간의 존재성을 밝혀나가는 데 필요한 전조등이나 탐사등이 되어야 한다. 소크라테스와 플라톤과 아리스토텔레스가 필요한 시대가 있었고 예수와 부처와 마호메트가 필요한 시대가 있었던 것처럼 이제는 달라진 시대의 명확한 구심점이 필요한 것이다. 그것이 우리가 사는 우주와 다른 우주, 내가 아는 나와 다른 나에 대한 사유의 밑거름이 될 것이다.

'나는 무엇인가'를 화두로 삼고 인간의 우주적 존재성과 연대성이 눈을 뜨게 하는 데 필요한 창조적 사색이 새로운 시대의 교양이 되어야 한다. 내가 정말 무수한 다차원 우주 중의 한 곳에서 살아가고 있다면 인생의 의미와 가치는 완전히 달라질 것이다. 모든 가능성의 우주가 실제로 존재한다면 우리가 그동안 지구에서 구축해 온 모든 지식과 인식의 체계도 달라질 것이다. 그런 시대에는 도대체 무엇이 교양의 재료가 될 수 있을까.

현대의 과학자들은 '자아가 있다는 환상에서 깨어나는 것이 진정한 인간적 깨달음'이라고 말한다. 아인슈타인은 "어떻게 자아에서 벗어났는가 하는 것이 진정한 인간의 가치를 결정한다"고 했다. 2500년 전 세상을 떠난 석가모니의 '무아無我'를 현대 과학자들이 입증하고 있는 셈이다. 아무려나 석가모니와 현대 과학자들이 입을 모아 우리가 '나'라고 믿어온 것이 망상이나 착각이라고 하니 앞으로 어떤 방식으로 인간 존재를 이해하고 받아들여야 할지 걱정하지 않을 수 없다.

'나'를 상실한 시대, 그래도 우리는 살아야 한다. '나'도 아니고, '자아'도 아니고, 고작 기억과 정보를 저장한 유전자의 '탈것 vehicle'이라고 해도 우리는 생명을 영위하지 않을 수 없다. 우리가 설령 실체가 없는 환영이라 해도 미션으로서의 삶은 우리에게 끊임없이 선택과 시도, 도전과 응전을 요구할 것이다.

'나'라는 환상에서 깨어나 인간을 객관적으로 이해하고 받아들이면 '나'는 타자가 된다. '나'를 타자로 받아들이면 '나'가 있다고 믿던 시절의 오만방자함이 소멸될 것이다. 그런 과정을 거치면

과학자들의 말처럼 자아가 있다는 환상에서 깨어나 진정한 깨달음에 이르게 될 것이다. 나를 타자로 만들면 나와 남의 구분이 없어져 타인들도 나와 동일시할 수 있고 배타적인 삶의 자세도 소멸될 것이다. 무조건적으로 앞세우고 내세우고 또한 사로잡혀 살던 무의식적이고 습관적인 '나'와 결별할 때 끈덕진 삶의 미망에서 비로소 깨어나게 되는 것이다.

나는 무엇인가, 그것이 21세기 교양의 핵심이다.

죽는 날까지 학생으로 살아라

책과 스마트폰을 맞바꿀 사람이 있을까

갓 스물이 되던 해 봄, 『고문진보古文眞寶』라는 책을 처음 접했다. 주周나라 때부터 송宋나라 때에 이르는 고시古詩·고문古文의 주옥편珠玉篇을 모아 엮은 그 책을 학교 앞 서점의 구석진 서가에서 발견했을 때 나는 왠지 모를 설렘으로 가슴이 뛰기 시작했다. 오래된 지혜를 담은 그 책의 보석 같은 내용이야말로 나처럼 기개를 펴고 싶어 하는 청춘에게 반드시 필요한 책이라는 직감이 강렬한 전류처럼 뇌리를 스쳐간 때문이었다. 그렇게 서점에 서서 『고문진보』의 책장을 펼쳐 든 나는 가장 첫머리에 수록된 진종황제의 권학문과 운명적으로 조우했다.

> 집을 부하게 하려고 좋은 땅을 사지 마라,
> 책 속에 본시 천종의 곡식이 있느니라.
> 생활을 편하게 하려고 큰 집을 짓지 마라,
> 책 속에 본시 황금으로 된 집도 있도다.

문을 나설 때 따르는 사람 없다 한하지 마라,
책 속에 수레와 말이 떨기처럼 많도다.
장가가려고 좋은 중매 없다고 한탄하지 마라,
책 속에 얼굴이 옥 같은 여자 있도다.
사나이가 평생의 뜻을 이루고자 한다면
육경을 창 앞에 펴놓고 부지런히 읽을지니라.

富家不用買良田 書中自有千鍾粟(부가불용매량전 서중자유천종속)
安居不用架高堂 書中自有黃金屋(안거불용가고당 서중자유황금옥)
出門莫恨無人隨 書中車馬多如簇(출문막한무인수 서중차마다여족)
娶妻莫恨無良媒 書中有女顏如玉(취처막한무량매 서중유녀안여옥)
男兒欲遂平生志 六經勤向窓前讀(남아욕수평생지 육경근향창전독)

진종황제의 권학문은 책을 삶의 근본으로 삼으라는 가르침이었다. 책 속에 모든 것이 있으니 다른 곳에서 구하거나 찾지 말라는 가르침. 갓 스물의 나는 그 준엄한 가르침에 일말의 이의도 제기하지 않고 있는 그대로 그것을 받아들였다. 그리고 권학문의 마지막 문장을 인생의 좌우명처럼 의식에 깊이 각인했다.

사나이가 평생의 뜻을 이루고자 한다면
육경을 창 앞에 펴놓고 부지런히 읽을지니라.

갓 스물에 접한 권학문의 가르침대로 나는 평생 책을 벗하며 산다. 책을 벗어난 삶, 책과 결별한 삶을 상상할 수 없을 정도로 책은 내 인생의 중요한 밑거름이 되었다. 그런데 나이가 들어가면서 진종황제 권학문의 마지막 문장 중 '평생지平生志'라는 부분이 자꾸 마음에 걸리기 시작했다. 책을 벗 삼으며 이룰 수 있는 '평생의 뜻'이 과연 무엇일까.

아주 오랜 시간이 지난 뒤, 나는 비로소 깨칠 수 있었다. 갓 스물에 처음 접한 진종황제 권학문의 마지막 문장에 숨어 있는 '평생의 뜻'이 출세도 아니고 재물도 아니고 명예도 아니고 권력도 아니고 '수양修養'이라는 걸 알게 된 것이었다. 평생 책을 벗 삼으며 몸과 마음을 갈고닦아 품성과 지식, 도덕을 높은 경지로 끌어올리라는 가르침이 거기 함축돼 있었던 것이다.

수양과 비슷한 의미를 지닌 수신修身, 도야陶冶, 단련鍛鍊 같은 어휘들이 있다. 모두 몸과 마음을 갈고 닦음을 의미하는 것이지만 이제 세상에서 그런 단어를 사용하는 경우는 아주 희귀해졌다. 물론 지금은 수신제가치국평천하修身齊家治國平天下나 수기치인修己治人을 앞세우며 군자의 덕목을 강조하는 시대가 아니다. 하지만 시대가 아무리 변한다고 해도 사람이 자신의 몸과 마음을 갈고닦아야 할 필요성까지 송두리째 사라지는 건 아닐 터이다.

21세기를 살아가는 인류는 아침부터 밤까지, 때로는 취침 중에도 무한 연결의 네트워크에 개방되고 노출되어 있다. 고전적인 의미의 인간관계는 사라지고 손가락으로 시작되고 끝나는 터치 인연이 범람해 표면적으로는 쿨하고 내면적으로는 병들어가는 표리부동한 인생을 영위하고 있는 것이다. 정신과를 찾는 사람들이 증가하고 명상이나 요가, 마음 수련을 통해 지치고 병들어가는 심신을 회복하고자 하는 사람들이 늘어나는 게 21세기적 아이러니다.

현대인은 24시간 무한 유혹에 노출되어 있다. 외부로부터 오는 유혹에 대해 고전적인 가르침은 그것을 무시하고 마음의 평정을 되찾으라고 가르친다. 그것을 위해 수양, 수신, 도야, 단련을 권장한다. 하지만 유혹에 대응하는 21세기적 방식은 즉자적 적용, 즉 애플리케이션이다. 유혹을 멀리하기 위한 극기의 자세 같은 건 바람직한 삶의 덕목에서 사라진 지 오래이다. 모든 것이 책에 있으니 평생 책을 벗 삼으며 살라고 권할 경우, 손에 든 스마트폰과 책을 맞바꿔 '평생의 뜻'을 구현하겠다고 선뜻 나설 사람이 과연 몇이나 될까?

문명의 이기는 스마트해지지만 인간의 생물학적 구조는 스마트해지지 않는다. 기기의 매뉴얼은 쉼 없이 진화하지만 인간의 심적 구조는 그것을 따라가지 못한다. 그러니 이성과 욕망, 육체와 정신 사이에 괴리가 생기고 갈등이 생기고 마침내 붕괴 현상이 나타난다. 마음에 잡초가 무성해지고 길이 사라져 버리는 것이다.

맹자 왈, 사람들은 개나 닭을 잃으면 찾을 줄 알면서 마음을 잃어버리면 찾을 줄 모른다고 질타했다. 그리고 덧붙이길, 학문의 방법은 다른 것이 아니라 잃어버린 마음을 되찾는 것일 뿐이라고 했다. 바로 그 지점에서 진종황제의 권학문과 맹자의 가르침이 맥락을 같이 한다. 책을 벗 삼는 일, 잃어버린 마음을 되찾는 일, '평생의 뜻'을 실현하는 일이 모두 같은 맥락의 일이 되는 것이다.

불교의 깨침에는 돈오돈수頓惡頓修와 돈오점수頓惡漸修라는 상반된 입장이 있다. 돈오돈수는 '단박에 깨치고 닦는다'는 뜻으로 더 이상 수행할 것이 없는 경지를 의미하고 돈오점수는 깨치고 난 뒤에도 점진적으로 수행해야 깨침의 경지를 유지할 수 있다는 입장이다. 우리가 살아내는 인생이 삶을 거름 삼아 깨침을 얻어가는 과정이라면 하루하루 책을 벗하며 평생의 뜻을 유지하는 과정은 종교적 자세와 하등 다를 게 없다. 도를 많이 닦은 승려라면 돈오돈수가 가능할지 몰라도 우리 같은 속인들은 감히 그런 걸 꿈꿀 수 없다. 그러니 돈오점수도 부족해 날이면 날마다 마음을 갈고닦는 돈오일수頓惡日修의 자세로 세상을 살아가야 할 것이다. 그렇게 하루하루 정진하여 공자가 말한 군자삼변君子三變의 경지에 이르게 된다면 더 이상 바랄 게 무엇이랴.

望之儼然(망지엄연), 卽之也溫(즉지야온), 聽其言也厲(청기언야려)

책을 벗 삼아 평생의 뜻을 구현하는 일은 바로 그런 사람이 되고자 하는 지향성을 일컬음이다. '멀리서 바라보면 엄숙함이 느껴지고 가까이 다가가 보면 따뜻함이 느껴지고 말을 들어보면 논리적이고 합리적인 사람이 되는 일'.

　인생이 쉽지 않은 것은 완성을 향해 쉼 없이 정진해야 하기 때문이다. 이 정진에 대해서는 학문이나 종교나 별로 다를 바가 없다. 날마다 닦고 조이고 기름 치지 않으면 인생은 빛을 잃고 녹이 슬어 자포자기의 지경에 이르게 된다. 그러니 하루하루 날이 갈수록 새로워지는 일신우일신日新又日新의 자세를 잃지 말고 창의적인 인생을 살아가야겠다.

　책이 지금 나로부터 얼마나 멀리 떨어져 있나, 주변을 둘러볼 때이다.

티코는 아무리 튜닝해도 그랜저가 되지 않는다

한때 〈관상〉이라는 영화가 천만 관객을 돌파하자 철학관, 점집, 사주카페, 성형외과로 사람이 몰려 때아닌 관상 열풍이 불었다. 〈관상〉이라는 영화의 흥행과 관상 보는 일의 당위성이 함께 고조되는 형국이라 자못 흥미로웠다. 21세기, 손에는 스마트폰을 들고 귀에는 이어폰을 꽂고 자기만의 고치 속에서 살아가는 IT 강국의 국민들이 어째서 '관상'이라고 하는 비과학적 체계에 이렇게 속수무책으로 매몰되는 것일까.

당시 〈관상〉의 흥행 요인에 대해 영화적으로 분석하는 사람들이 많았다. 화려한 캐스팅과 연기력, 선명한 갈등 구조, 시대적 불안 요인 등등. 모두 일리 있는 분석이지만 이 영화가 흥행할 수밖에 없는 한국적 특수상황으로 나는 영화의 제목을 꼽았다. '관상'이라는 제목이 영화가 만들어지기 전부터 보증수표 노릇을 했다고 본 것이다. 한국적 특수상황을 간파한 영화 기획자들이 노린

것도 아마 이 지점이었을 것이다. 관상, 사주팔자, 운명 따위의 말들이 한국인의 의식체계에 미치는 지배적 경향성을 부정할 사람은 드물 것이다.

'관상'이라는 제목을 달고도 흥행에 실패할 확률은 얼마든지 존재한다. 하지만 근래 들어 한국 영화의 제작 기술은 세계적인 수준으로 도약했고 거대자금 동원 능력까지 갖추었으니 부정적인 견해는 바람직하지 못하다. 김종서 장군과 수양대군의 강력한 대결구도와 단종애사端宗哀史가 중요한 몫을 차지하지만 그 정도의 시나리오적 성과는 이미 다른 영화에서 숱하게 이루어졌으므로 그것을 흥행의 주요인으로 꼽기는 힘들다. 결국 시나리오와 배우들의 연기력 뒤에 도사리고 있는 결정적 흥행의 키는 한국인의 심성을 무의식적으로 주눅 들게 만드는 '관상'이라는 무형의 지배체계일 것이다.

관상과 연관된 이야기는 중국 3황 5제 중 최고의 제왕으로 꼽히는 복희씨伏羲氏로부터 시작된다. 복희씨가 팔괘八卦라고 하는 우주, 기본수의 원리를 창안한 이후 우禹나라 하河나라 은銀나라를 거쳐 주周나라 문왕文王에 이르러 비로소 주역周易이 세상에 알려졌다. 하지만 그때까지만 해도 학술적인 체계는 몹시 미비했다. 그 후 동주 시대의 숙복叔服, 주周나라의 고포자경姑布子卿, 초楚나라의 당거唐擧가 대를 이어 관상가의 3대 명가名家를 형성했다. 남북조시대南北朝時代에 남인도에서 달마達磨가 중국으로 들어와 선종禪宗을 일으키는 동시에 '달마상법'을 후세에 전하고 송宋나라 초기에는 마의도사麻衣道士가 '마의상법'을 남겨 관상학의 체계가 이때 비로소 확립되었다.

인도 역시 아득한 옛날부터 관상법이 전해져 왔다. 바라문교의 오랜 성전에는 좋지 못한 관상을 가진 사람들이 그것을 극복할 수 있는 여러 가지 방법이 설명되어 있다. 유럽에서도 뿌리가 깊어 아리스토텔레스도 관상학에 관한 책을 쓰고 플라톤은 인간의 체형을 동물의 체형과 비교하여 관상학을 연구했다. 영국에서는 왕이 관상학을 연구하는 사람을 옥에 가두어 탄압했지만 다윗이라는 사람은 진화론의 견지에서 관상론을 발표하기도 했다.

관상학의 우리나라 전래에 관해서는 정확한 기록이 없다. 신라 선덕여왕 때 당나라에 유학 간 승려들이 불교의 포교를 위한 한 방편으로 달마대사의 상법達磨相法을 배워 온 것으로 추측할 뿐이다. 당시 승려나 도학자들이 영웅호걸들의 관상을 보고 미래의 운명을 예견했다는 사실은 동국야사가 증명하고 있다. 그 후 고려 때에 이르러 학자 문익점에 의해 상서相書가 도입되었다는 기록이 남아 있다. 고려 말엽에는 도선국사와 무학대사가 유명했고 이성계의 얼굴을 보고 가까운 장래에 창국創國할 것을 예언한 관상가 혜증이 있었다고 한다. 그 밖에도 '대동기문大東奇聞'이란 문헌을 보면 관상가들이 고관대작이나 사대부집에 자주 출입하면서 예언을 적중시켜 세상 사람들을 놀라게 했다는 기록이 남아 있다. 하지만 그 모든 전언들이 한결같이 '전설 따라 삼천리' 부류라 학문적 체계로 수용하기는 어려운 실정이다.

관상을 보는 일은 종교적인 행위와 무관하다. 그래서 종교인들은 그것을 미신이나 비과학적인 행위로 치부한다. 하지만 관상 보는 일에 종사하거나 그것을 믿는 사람들은 그것을 정보학, 통계학 등으로 재해석해 21세기적 토양을 만들고 싶어 한다. 그것을 위해 서양의 점성술과 타로카드, 골상학까지 불러와 타당성을 역설한다.

서양의 점성술과 타로카드에 관련된 정보가 티코 한 대 분량이라면 사주 관상에 관련된 정보는 KTX 열차로도 모자랄 만큼 방대하다. 그만큼 정설과 정석, 정통한 것을 가늠하기가 어렵다는 말이다. 그래서 좋은 점괘가 나올 때까지 여러 점집을 돌아다니는 사람들이 생긴다. 나쁜 점괘가 나올 때 느끼게 되는 좌절감, 열패감을 부정확한 비과학성으로 보상받고자 하는 것도 개그에 가까운 아이러니가 아닐 수 없다. 좋은 점괘가 나올 경우도 예외는 아니다. 터무니없는 환희와 기쁨에 도취되어 가만히 있어도 절로 모든 것이 이루어져 천금을 희롱하는 망상을 꿈꾸게 하니 현실에 크게 도움이 될 게 없다. 그야말로 기분풀이나 심심풀이 땅콩 정도라면 모를까.

인간이 관상과 사주에 대해 자유롭지 못한 이유는 오직 한 가지뿐이다. 그것이 필연적으로 운명이라는 영역과 맞닥뜨리기 때문이다. 흔히 '팔자타령을 한다'고 할 때 우리는 불운한 운명에 사로잡힌 인간을 떠올린다. 운명이란 인간이 아무리 기를 쓰고 노력해도 비켜갈 수 없는 것으로 이해되어 모든 걸 체념하고 노력과 열정을 상실하게 만든다. 수천 년 동안 사람들은 운명이라는 것이 있다고 믿어왔기 때문에 관상 보는 법과 사주 보는 법을 개발하고 그것을 확대 재생산해 온 것이다. 하지만 다른 시기도 아니고 21세기와 같은 초첨단 과학문명의 시대에 관상과 사주가 성행하고 얼굴까지 뜯어고쳐 팔자를 바꾸고 싶어 하는 성형 열풍을 어떻게 이해해야 할까.

살아 있는 모든 것은 정해진 운명을 지니고 태어나 정해진 대로 살다 죽는다고 믿는 것이 운명론적 고정관념이다. 그래서 자기 운명을 알고 싶어 하고, 그것이 나쁘다는 말을 듣게 되면 견디기 힘들어한다. 영화 '관상'에서 한명회가 목을 베일까 노이로제 증상을 보이는 것과 무관하지 않다. 하지만 운명이 실제로 존재하는 인생의 프로그램이라면 인간이 그것을 마음대로 뜯어고칠 수 있을 것인지 의아해하지 않을 수 없다. 관상성형을 해서 팔자를 고칠 수 있다면 운명은 더 이상 운명으로서의 가치를 상실하게 될 것이다. 돈만 있으면 바꿀 수 있는 것에 어떻게 '운명'이라는 거창한 명칭을 부여할 수 있겠는가.

영화 〈관상〉의 멘토 역할을 한 진짜 관상가에게 기자가 물었다.

"관상을 봐가며 성형을 하면 운명이 바뀌나요?"

멘토가 명쾌하게 답변했다.

"아무리 튜닝을 해도 티코가 그랜저가 되는 건 아닙니다."

허영만의 관상만화 『꼴』을 감수한 관상가도 잘라 말했다.

"성형수술은 물건의 포장을 바꾸는 것에 불과하며 물건 자체를 바꾸는 것은 아닙니다."

요컨대 관상은 타고난 DNA처럼 바뀌지 않는다는 것이다. 영화 〈관상〉의 멘토는 어째서 관상을 바꿀 수 없는지 명쾌하게 설명한다.

"관상의 제일 첫 번째가 목소리예요. 다음이 몸(풍모)이고, 세 번째가 얼굴이에요. 얼굴에서도 눈이 가장 중요해요. 다른 곳은 다 바꿔도 눈빛과 목소리를 바꿀 수 있나요? 그 사람의 타고난 영성은 못 바꾸잖아요."

관상과 사주의 키워드는 '길흉화복'이다. 인간은 그것을 미리 알고 예방하고 싶어 하지만 영화 〈관상〉에서처럼 알려줘도 비켜

가기 어려운 게 운명이다. 관상가 내경으로부터 목이 잘릴 팔자라는 말을 들은 한명회가 죽는 날까지 불안에 시달리다가 자연사하지만 나중에 부관참시를 달함으로써 운명을 완성한다. '파도를 만드는 건 바람이건만 파도만 보고 바람은 보지 못했다'는 내경의 마지막 술회가 인상적인 건 그것이 곧 운명의 양면성에 관한 언급이기 때문이다. 파도는 운명의 프로그램이지만 그것을 조성하는 바람은 프로그램 소스에 해당하니 인간이 범접할 수 있는 영역이 아니다.

사주와 관상, 운명과 팔자는 모두 하드웨어적 고정관념이다. 하드웨어는 바꿀 수 없지만 소프트웨어의 활용에 따라 똑같은 하드웨어도 다른 가치를 얻게 된다. 그것에 눈을 뜬 현대인들이 몸에 대한 투자보다 마음에 투자하는 시간을 늘리는 건 지극히 당연하고 현명한 일이다. 자신의 미래를 알고 좋게 뜯어고치려는 노력보다 자신에게 주어진 인생의 프로그램을 이해하고 그것을 적극적으로 수용하는 자세로부터 인생의 진정한 변화는 시작되기 때문이다. 폼 나게 그랜저를 타고 가다가 논두렁에 쑤셔 박히는 인생보다 티코를 타고도 고속도로를 질주할 수 있다는 걸 발견함으로써 자기 인생의 가치와 의미, 보람과 기쁨을 얼마든지 만끽할 수 있기 때문이다.

관상이나 사주가 운명을 좌우하는 것도 아니고, 운명이 관상이나 사주를 좌우하는 것도 아니다. 길흉화복의 운명적 프로그램은 인간에게 주어진 학습과제일 뿐이다. 길흉화복을 통해 배우고 터득하며 정신적인 진화를 거듭하는 것이니 그것을 멀리하고서는 좋은 인생을 구현하기가 어렵다. 나아가 그 운명의 프로그램을 자신이 직접 구성한 것이라면 부실하고 부족한 부분을 보강하기 위한 자발 학습 과제일 터이니 더더욱 좋고 나쁨을 따질 계제가 아니다. 자신에게 주어진 운명의 내적 필연성을 스스로 발견해야만 비로소 운명이 펴기 시작한다는 말이다. 내 운명, 나에게 최적화된 개인 학습 프로그램인데 그걸 왜 밖으로 나돌며 문제의 답을 찾으려 하는가.

인생을 행복과 불행의 대상으로 판단하는 것은 어리석은 일이다. 세상만사를 이분법적이고 양극적으로 판단하는 게 인간 세상의 속성이지만 거기에는 큰 함정이 숨겨져 있다. 그것을 진실로 받아들여 팔자와 운명 타령을 함으로써 자신에게 주어진 인생의 학습과제를 보지 못하게 하기 때문이다. 주어진 인생을 외면하고 남들의 인생을 부러워하며 신세타령을 하면 할수록 인생 공부는 점점 더 낙제 상태로 빠져들 수밖에 없다. 그래서 '주어진 그대로, 있는 그대로' 자신의 상황을 긍정적으로 받아들이고 그것을 끌어안음으로써 막힌 출구를 스스로 뚫고 나갈 필요가 생기는 것이다. 자신이 비관하는 자신의 현실 속에 바로 그것을 극복할 수 있는 출구가 숨어 있기 때문이다. 그 학습과제를 자신이 설계한 것이라는 걸 인정하고 그것에 집중하기 시작하면 무릎을 치며 모든 걸 알게 될 것이다. 자신에게 왜 그와 같은 인생이 주어졌는지, 그것을 깨닫게 되면 인생 공부의 핵심이 너무나도 간단명료하다는 것도 절로 깨치게 될 것이다.

자업자득, 자작자수 自業自得 自作自受!

청춘이 끝나면 인생이 끝나고
인생이 끝나면 청춘이 끝난다

"청춘青春"하고 발음할 때 가장 먼저 떠오르는 이미지는 푸름이다. 말뜻을 곧이곧대로 풀어도 '푸른 봄'이다. 인생 전체를 놓고 봤을 때 청춘의 시기가 가장 앞선 지점에 있다는 의미일 터이다. 국어사전에서도 청춘을 십 대 후반부터 이십 대를 일컫는 젊은 시절이라고 못 박고 있다. 하지만 그것이 진짜 청춘일까, 나는 오래전부터 청춘의 의미에 대해 다른 견해를 부화시켜 왔다. 그리고 언젠가 때가 되면 세상 사람들에게 진정한 청춘의 의미에 대해 말하고 싶었다. 청춘을 말하지 않고는 인생을 말할 수 없고, 인생을 말할 수 없다면 다른 무엇에 대해서도 더 이상 말할 필요가 없어지기 때문이다.

청춘은 특정한 시기를 국한해서 일컫는 말이 아니다. 당연히 특정한 나이에 해당하는 사람들만의 전유물도 아니다. 요컨대 청춘은 인생이고 인생은 청춘이다. 세상에는 청춘을 지니고 사는 사람과 청춘을 상실하고 사는 사람이 있을 뿐이다. 그래서 청춘이라는 말과 의미상 가장 비슷한 것으로 나는 '열정'을 꼽는다.

열정이란 삶에 대한 애정이다. 세상에는 자신의 삶에 대해 애정을 잃지 않고 사는 사람이 있는가 하면 실의와 절망에 빠져 지옥처럼 암울한 나날을 사는 사람도 있다. 그것은 나이와 상관없이 나타난다. 젊은 사람 중에도 삶에 대한 열정을 상실한 사람이 있고, 나이 든 사람 중에도 삶에 대한 열정이 넘쳐나는 사람이 있다. 결론적으로 말해 청춘이란 삶에 대한 인간의 태도에 의해 결정되는 것이지 젊다고 무조건 청춘이고 늙었다고 무조건 청춘이 아니라는 단순한 이분법이 아니라는 것이다.

시기적으로 본다면 인생을 네 단계 정도로 구분할 수 있을 것이다. 10대 20대의 모색기, 30대 40대의 정착기, 50대 60대의 심화기, 70대 80대의 결산기가 그것이다. 10대와 20대는 아직 인생의 행로가 정해지지 않아 좌충우돌하며 온갖 것들을 경험할 수 있다. 그리고 거기서 얻어진 진로가 30대와 40대에 자신의 인생 영역으로 굳어진다. 그리고 30대와 40대를 어떻게 살았느냐에 따라 50대와 60대에는 심화된 인생기를 보내게 된다. 그것에 의해 70대와 80대의 결산기는 자연스럽게 인생의 마무리 국면이 된다.

이렇게 보면 언뜻 인생이 대단히 단조로운 경로를 통해 허망한 결말에 이르는 과정처럼 보인다. 하지만 천만의 말씀, 인생의 모든 과정은 치밀한 구조로 직조돼 있고, 그것을 관통하는 매 순간은 결코 호락호락하지 않다. 인생의 어떤 한순간도 무의미한 순간이 없는 것이다.

인생을 제대로 사는 일은 결코 쉽지 않다. 나 혼자 사는 게 아니고 나와 남의 관계가 끊이질 않고 이어지기 때문에 인간은 언제나 인생의 문제 앞에 무방비로 노출된다. 하지만 두려워할 필요는 없다. 오는 것 막지 말고 가는 것 잡지 않는 자세, 즉 청춘의 자세로 매 순간을 당당하게 맞서 나가면 된다. 그런 의미에서 청춘은 사람이 세상에 태어나 죽는 날까지 상실하지 말아야 할 필수적인 인생의 추진력이다. 청춘이 끝나면 인생이 끝나고 인생이 끝나면 청춘이 끝나는 것이다. 사람으로 사람답게 살아 있다는 가장 확실한 증거, 그것이 바로 청춘이기 때문이다.

청춘은 그것 자체로 완성적인 형질이 아니다. 그것은 생명 유지에 필요한 운동 에너지이고 생명활동에 필요한 원천적 생기이다. 그것을 바탕으로 인간은 삶의 의미를 찾아야 하고, 그것을 위해 항상 깨어 있는 자세로 살아야 한다. 의식이 정오의 태양처럼 빛나는 존재는 결코 나태하지 않고, 의식이 밤하늘의 별처럼 각성된 존재는 결코 자신만을 위해 세상을 살지 않는다.

청춘이란 나로부터 남에게로 나아가는 데 필요한 원천적 에너지이다. 그리고 나와 남을 넘어 우리 모두에게 필요한 인생의 가치를 발굴해내는 진화의 도구이다. 그리하여 청춘의 에너지로 각성된 사람들은 인생의 행로를 잃지 않는다. 인간은 무엇인가, 인생은 무엇인가, 그리고 나는 무엇인가—청춘은 끊임없이 자문하게 만든다.

진정한 청춘은 오랜 산고를 거쳐 숭고한 사랑과 지혜를 낳는다. 사랑의 의미에 대해, 지혜의 의미에 대해 사람들은 청춘의 의미처럼 왜곡된 고정관념을 지니고 있다. 진정한 청춘이 잉태한 사랑은 나와 남을 구분하지 않는다. 다시 말해 나 이외의 모든 사람들을 다 나와 동일한 존재로 생각할 수 있는 보편적 동일성에 눈을 뜨게 해 준다. 아울러 지식이 아니라 지혜에도 이르게 해 준다.

세상에 널린 지식은 학교에서도 배우고, 학원에서도 배우고, 그것도 모자라 남의 나라에 유학까지 가서 배운다. 하지만 지혜는 지식의 양에 의해 잉태되고 산출되는 게 아니다. 평생을 거쳐 단 하나의 지혜에도 이르지 못한 지식인들이 얼마나 많은가.

세상을 어지럽게 만드는 문제적 인물들은 대부분 많이 배운 사람들, 즉 지식인들이지 지혜를 소유한 사람들이 아니다. 평생 농사만 짓고 산 농부도 자연의 이치를 터득하여 자연의 일부가 되어 세상을 살아가는 지혜를 얻는다. 그는 24절기가 무엇인지 몰라도 때가 되면 몸으로 모든 것을 알고 필요한 일을 한다. 인생에서 얻는 지혜는 참으로 소중한 것이어서 하나를 터득하면 그것이 싹을 틔워 세상 만물의 이치를 절로 깨닫게 하는 것이다. 지식이 없어서가 아니라 지혜를 터득하지 못하면 박사 할아비가 되어도 일자무식한 농부만 못한 삶을 살게 되는 것이다.

나이 든 사람들의 내면에서 우러나오는 원숙한 청춘은 우리를 숙연하게 만든다. 하지만 젊은이들의 내면에서 고사당한 청춘을 발견하게 될 때 우리는 이를 데 없이 깊은 슬픔을 느끼게 된다. 인생이 소중하다는 것을 아는 사람들, 그들이 곧 청춘의 소유자들이다. 소중하다는 것을 알기 때문에 그들은 청춘을 상실하지 않는다. 인생의 가치에 대한 세상의 편견과 왜곡을 청춘의 이름으로 바로잡으며 자신의 인생 행로를 올곧게 유지하는 것이다.

청춘의 소유자들은 청춘을 위해 끊임없이 모색하고 탐구하는 자세로 하루하루를 살아간다. 청춘은 교만하거나 자만하지 않고 언제나 자신의 결핍을 인정하고 끊임없이 공부하는 자세를 유지하기 때문이다. 청춘, 길을 잃고 방황하는 자들의 머리 위에서 빛나는 북극성처럼 그것은 우리를 인도하는 영혼의 빛과 같은 것이다.

청춘이여, 영원하라!

중년을 즐기는 셰익스피어의 아홉 가지 생각

어느 날 좌석버스에서 흘러나오는 '중년'이라는 노래를 들었다. 신기하다는 생각이 들어 가사에 귀를 기울였다. 예상대로 현실을 갇힌 공간으로 인식하는 감상적 회고 조의 노래였다. 지나간 인생을 돌아보는 회고 조의 정서로 치자면 중년보다 노년이 나을 터인데 왜 하필 중년인가!

어떤 이름은 세상을 빛나게 하고 / 또 어떤 이름은 세상을 슬프게도 하네 / 우리가 살았던 시간은 되돌릴 수 없듯이 / 세월은 그렇게 내 나이를 더해만 가네 // 한때 밤잠을 설치며 한 사람을 사랑도 하고 / 삼백예순하고도 다섯 밤을 그 사람만 생각했지 / 한데 오늘에서야 이런 나도 중년이 되고 보니 / 세월의 무심함에 갑자기 웃음이 나오더라 // 휘이 휠휠휠 날아가자 날아가 보자 / 누구라는 책임으로 살기에는 내 자신이 너무도 안타까워 / 휘이 휠휠휠 떠나보자 떠나가 보자 // 우리 젊은 날의 꿈들이 있는 그 시

절 그곳으로

　현실의 무거운 책임감을 떨쳐버리고 '휙이 훨훨훨 떠나보자'고 하는 대목에서 우리 사회의 지치고 기죽은 중년 남성들 모습이 절로 떠오른다. 중년이 남자에게만 오는 게 아닐 터인데, 우리 사회의 중년은 왠지 힘과 열정과 의욕을 모두 잃고 패잔병처럼 가련하게 늙어가는 4, 50대의 징표처럼 읽힌다.

　남성의 로망을 다룬 어떤 칼럼은 대중가요보다 훨씬 리얼하고 애잔하게 중년의 실상을 전한다. 한류를 주도하는 '다이내믹 코리아'에서 살아가는 40대 이상의 중년은 넘치는 힘과 스태미나를 원하지도 않고, 로또 당첨을 원하지도 않고, 불꽃 같은 연애를 원하지도 않는다. 다만 누군가 보내주는 달콤한 문자 메시지, 약간 긴장할 수 있는 술친구 정도를 원할 뿐이라고 그들은 말한다. 어느 누구의 간섭도 없는 다락방이나 작업실 같은 공간, 산티아고나 실크로드 같은 곳으로 혼자 떠나는 여행, 목수가 되어 직접 뭔가를 만들어보고 싶다는 신성한 노동에 대한 로망도 있다. 하지만 이 땅의 중년이 원하는 로망의 공통점은 '함께' '같이' '어울림'이 아니라 철저하게 '혼자' 하고 싶은 것들이라는 점에서 내면의 절규처럼 들린다.

　여성에게 중년은 폐경기라는 생물학적 변화를 수반한다. 자녀 양육과 교육이 끝난 뒤에 찾아오는 빈 둥지 증후군 같은 것도 무시할 수 없는 중년의 특징으로 다루어진다. 노화와 성인병에 대한 두려움에 시달리는 많은 여성은 방송사들이 경쟁하듯 편성한 건강 프로그램에 채널을 고정시키고 앉아 의사들의 한 마디 한 마디를 '생명의 말씀'으로 받아들인다. 그것으로 끝나는 게 아니라 방송이 끝나면 친구들에게 전화를 걸어 사실을 전파하며 동조 세력을 만들어 비타민을 사러 가거나 유기농 식품을 사러 마트로 가거나 의심스러운 부분을 검진받기 위해 병원에 예약 전화를 건다.

남녀를 불문하고 우리 사회는 중년을 노화의 대상, 질병의 대상으로 다루려는 경향이 강하다. 그래서 성인병을 다루는 숱한 건강 관련 TV 프로그램에 의사들이 떼 지어 출연하고, 그들 중의 몇몇은 건강 보조식품을 다루는 홈쇼핑 채널에까지 등장한다. 예컨대 중년의 문제가 오직 건강 문제밖에 없는 것인 양 과장된 경계심과 지나친 건강 과념을 조장하고 있는 것이다.

성인병이 만성 퇴행성 질환이라는 점에서 40대 이후의 중년이 타깃이 되는 건 당연한 일일 수 있다. 하지만 그것이 곧 중년을 개념화하고 중년의 특질을 대표하지 않는다는 점에서 오직 질병 위주의 위기감 고조는 중년이 지닌 더 많은 가능성과 더 많은 특장점을 사장시키는 본말전도의 위험이 크다.

중년中年은 청년과 노년 사이의 '가운데' 인생 단계를 이르는 말이다. 청년은 아직 사회적으로 미숙한 단계이고 노년은 이미 적극적인 활동기로부터 멀어지는 단계이니 중년이야말로 인생에 있어 가장 활동적이고 사회적인 영향력이 절정을 이루는 시기라 할 수 있다. 사회 모든 분야를 실질적으로 움직여나가는 중추 세대가 중년이라 해도 과언이 아닌 것이다. 그럼에도 불구하고 정작 중년은 중년이라는 호칭을 저어하거나 부정적인 개념으로 받아들인다. 그만큼 우리 사회가 중년이라는 개념을 잘못 인식하거나 의료 산업적 측면으로 왜곡했다고 해도 과언이 아닐 것이다.

중년을 가늠하는 나이도 입장과 견해차가 심하다. 외국에서는 40~60세, 45세~64세, 40~64세로 다양하게 가늠하는 반면 국어사전에서는 중년을 '마흔 살 안팎의 나이'로 어정쩡하게 구분하고 있다. 요즘 같은 세상에 마흔 살이면 정신적 중심점을 20대나 30대에 두고 살 터인데 중년이라니! 노골적으로 불쾌감을 표시하는 불혹 언저리의 입장도 많을 것이다.

중년의 모호함은 나이에 그치지 않고 존재 자체의 생물적 정신적 의미까지 확산되고 심화된다. 하지만 바로 그 지점에서 중년이 단순한 생명의 연장이 아니라 그것 자체로 독특하게 진화한 결과, 다시 말해 단순히 늙어가는 과도기적 단계가 아니라 정신적 육체적 성적 사회적 세계가 또 한 번 변화하는 특별한 삶의 국면으로 진입한다는 전제가 가능해진다. 여타 동물에게는 없고 오직 인간이라는 독특한 생물에게만 부여된 시기가 중년이고 그것은 수백만 년의 진화 과정을 거쳐 얻어낸 축복의 시간이라는 관점 말이다.

영국 케임브리지대 임상 수의과 해부학자인 데이비드 베인브리지David Bainbridge의 저서 『중년의 발견Middle Age』은 중년을 삶의 축복으로 바라보는 과학적 견해를 제시한다. 오직 인간만이 '중년 유전자'를 지니고 있으며 그것을 통해 청년과 노년 사이에서 문화 전달자 역할을 담당한다고 저자는 기술한다. 뿐만 아니라 경험을 바탕으로 한 뇌 활동을 통해 '빠르게 생각'하는 청년기 뇌보다 '다르게 생각'함으로써 현명한 답을 산출하는 과학적 근거를 제시한다.

젊지도 않고 늙지도 않은 중년이라는 시기가 인류에게만 나타나는 독특한 진화의 산물이라는 견해는 우리 사회의 편중된 중년관中年觀을 전반적으로 다시 돌아보게 만든다. 고혈압, 동맥경화, 당뇨병에 대한 무한 경고에 시달리며 심리적으로 잠재 환자가 되어가는 이 땅의 중년들에게 '중년은 위기가 아니라 해방'이라는 견해는 '중년 신생'의 개념을 가능하게 만든다.

폐경기가 여성성의 종말이 아니라 생식의 의미를 제거한 뒤에 오는 로맨스를 가능하게 만든다는 점, 사회적 경제적 능력이 극대화되는 시기라 자기 정체성에도 더 깊은 확신을 지닐 수 있다는 점, 사회적인 기여와 청년층에 대한 이타적 이바지도 눈치

보지 않고 당당하게 구사할 수 있다는 점들이 축복의 근거로 제시된다. 요컨대 인류사에서 중년이 되기에 가장 좋은 시대가 바로 지금이고, 우리는 바로 그 시기를 살아가는 행운아라는 인식은 중년의 삶을 근원적으로 바꾸어 놓을 수 있을 것이다. 하지만, 과연 그럴까.

문제의 핵심은 축복에 있는 게 아니다. 중년이 축복받은 진화의 결과라는 과학적 근거 제시보다 그런 축복을 등진 채 자신감을 잃고 배회하는 중년이 이 땅에는 너무 많기 때문이다. 인간이 아무리 중년에 가장 지혜로울 수 있다고 해도 자신감을 잃으면 모든 게 근거 없는 망상이 된다.

신을 닮은 중년의 지혜와 이성과 기억력이 세상에 유익하게 쓰임 되게 하려면 나이와 상관없이 자신의 심신을 갈고닦는 수양과 도야의 자세를 잃지 말아야 할 것이다. 나를 위한 삶이 아니라 나를 넘어 다른 나를 발견하려는 부단한 의식 확장의 자세도 또한 잃지 말아야 할 것이다. 그토록 축복받은 중년은 언제나 노화와 함께 진행되므로 자기 삶의 의미와 깊이를 확장하고 심화시켜 가는 겸허한 자세가 반드시 수반되어야 한다. 이런 세상이 올 줄 알고 셰익스피어는 그렇게 일찍이 '중년을 즐기는 아홉 가지 생각'을 떠올렸었나 보다. 멋진 꽃중년을 살았을 게 분명한 셰익스피어에게서 중년의 지혜를 배워야겠다.

첫째, 학생으로 계속 남아 있어라. 배움을 포기하는 순간, 우리는 폭삭 늙기 시작한다.

둘째, 과거를 자랑 마라. 옛날이야기밖에 가진 것이 없을 때 당신은 처량해진다. 삶을 사는 지혜는 지금 가지고 있는 것을 즐기는 것이다.

셋째, 젊은 사람과 경쟁하지 말라. 대신 그들의 성장을 인정하고 그들에게 용기를 주고 그들과 함께 즐겨라.

넷째, 부탁받지 않은 충고는 굳이 하려고 마라. 늙은이의 기우와 잔소리로 오해받는다.

다섯째, 삶을 철학으로 대체하지 마라. 로미오가 한 말을 기억하라. "철학이 줄리엣을 만들 수 없다면 그런 철학은 꺼져 버려라."

여섯째, 아름다움을 발견하고 즐겨라. 약간의 심미적 추구를 게을리하지 마라. 그림과 음악을 사랑하고 책을 즐기고 자연의 아름다움을 만끽하는 것이 좋다.

일곱째, 늙어가는 것을 불평하지 마라. 가엾어 보인다. 몇 번 들어주다 당신을 피하기 시작할 것이다.

여덟째, 젊은 사람들에게 세상을 다 넘겨주지 마라. 그들에게 다 주는 순간 천덕꾸러기가 될 것이다. 두 딸에게 배신당한 리어왕처럼 춥고 배고픈 노년을 보내며 두 딸에게 죽게 될 것이다.

아홉째, 죽음에 대해 자주 말하지 마라. 죽음보다 확실한 것은 없다. 인류의 역사상 어떤 예외도 없었다. 확실히 오는 것을 일부러 맞으러 갈 필요는 없다. 그때까지는 삶을 탐닉하라. 우리는 살기 위해 여기에 왔노라.

인생의 수난극에 출연해서 당신이 연기하는 이유

세상에 태어난 모든 사람은 행복해지고 싶어 한다. 행복의 의미가 무엇인지 아는 사람이든 모르는 사람이든 그것을 지상 최고의 선으로 꼽는다. 물론 이때의 행복이란 인간의 관점에서 만들어진 관념이다. 그런 점에서 '생활에서 만족과 기쁨을 느끼는 상태'라는 행복의 사전적 의미는 상당히 주관적이다. 만족이나 기쁨의 정의도 모호하고, 그것에 대한 사람들의 생각도 천차만별하기 때문이다.

돈을 최고로 여기는 사람이 있는 반면 그것을 멀리하는 사람이 있다. 권력을 최고로 여기는 사람이 있는가 하면 그 근처에는 고개도 내밀지 않는 사람이 있다. 또 명예를 얻기 위해 전력을 다하는 사람이 있는 반면 자신을 드러내지 않고 은둔적 삶을 사는 사람도 있다. 도대체 무엇이 만족이고 기쁨인지 보편타당한 정의를 내리기 어려우니 '행복은 내가 원하는 것, 나에게 좋은 것'이라는 지극히 개인주의적인 정의도 타당하게 받아들여진다.

나는 가끔 행복에 대해 전복적인 상상력을 펼쳐보곤 한다. 만약 인간이 아닌 다른 관점에서 인생을 관찰한다면 거기에도 행복이라는 관념이 존재할까? 평생 인간의 정신 체계를 연구한 지그문트 프로이트는 '태초의 창조 계획에 인간을 행복하게 만들 의도는 포함되어 있지 않았다'는 의미심장한 말을 남겼다. 인간의 정신 체계로는 생활에서 만족과 기쁨을 누리며 살기 힘들다는 말을 에둘러 표현한 것일 터이다.

인류에게 행복이 주어졌다면 그것에 대한 갈망과 집착이 이토록 심화될 턱이 없다. 그 지점에서 삐딱한 시선을 가진 일부 비관론자들은 이렇게 반문한다.

"젠장, 행복이 있기나 한 거야? 파랑새나 무지개를 잡았다는 사람을 본 적이 있어?"

21세기를 살아가는 현대인의 무의식엔 돈이 행복을 살 수 있는 최고의 수단이라는 믿음이 자리 잡고 있다. 돈이 명예이자 권력이고, 자존심이자 미래라고 생각하기 때문이다. '돈만 있으면 처녀 불알도 산다'는 속담을 만들어낸 조상을 모시고 있으니 배금사상의 유전적 고리를 부정하기도 어렵다. 하지만 돈은 행복을 좌우하는 결정적 요인이 아니다. 경제적으로 어려운 부탄공화국,

방글라데시 같은 나라 국민들의 행복 만족도가 선진국보다 높은 걸 어떻게 설명할 수 있을까.

세상에는 행복이 무엇인지를 가르치는 행복전도사들이 많다. 그들은 강연을 통해 행복에 목마른 사람들에게 비법을 전수하고, 그것으로도 모자라 행복지침서를 써서 실천 요령을 전파하기도 한다. 행복의 의미를 규정하고 그것의 매뉴얼을 만들어 실천을 권장하기 때문에 청중과 전도사 사이에는 정신적인 주종관계가 형성된다. '당신들은 세상을 잘못 살기 때문에 행복하지 않다, 그러니 내가 제시하고 가르치는 것을 실천하라, 그러면 행복해진다'는 천편일률적인 레토릭이다.

화려한 수사와 언변술이 곁들여진 언어의 성찬이니 강연을 듣거나 책을 읽는 동안 이미 행복을 경험하는 것 같은 착각에 빠지기 십상이다. 하지만 강연이 끝나거나 독서가 끝나면 예외 없이 차가운 현실과 맞닥뜨리고 그때껏 자신을 사로잡고 있던 행복의 에너지는 흔적도 없이 자취를 감춰 버린다. 행복 팔이도 일종의 보이스피싱이다.

일반적으로 사람들이 생각하는 행복은 조건의 충족으로 이루어지는 것이다. 부, 명예, 권력, 미모, 사랑, 그 무엇이든 다 마찬가지다. 그것들은 원하면 이룰 가능성이 있는 것들이니 각자의 인생 목표로 삼고 항진할 만하다. 하지만 문제는 부를 쌓고 나면 더 이상 그것이 행복의 필요조건으로 유지되지 않는다는 것이다. 오히려 돈 때문에 생겨나는 더 많은 문제들과 맞닥뜨리게 된다. 명예, 권력, 미모도 간절할 때는 행복의 조건이지만 그것을 성취한 뒤에도 욕망을 자제하지 못하고 치달리다 파멸에 이르는 경우를 우리는 종종 보게 된다. 화무십일홍花無十日紅이라는 말이 괜히 생겼겠는가.

"행복으로 가는 길은 없다. 행복이 바로 길이기 때문이다."

부처의 말속에는 오묘한 가르침이 숨어 있다. 행복으로 가는 길은 없고 행복이 곧 길이라고 했으니 행복해지고 싶으면 삶의 길 위에서 행복이 느껴질 때까지 자기 함양의 시간을 가져야 한다. 요컨대 행복해지고 싶으면 스스로 길이 되고 행복의 주체가 되라는 말이다. 행복에 관한 한 더 이상의 언급이 필요 없는 가르침이다.

행복의 주체가 되는 데 가장 큰 장애가 되는 건 '나'이다. 부, 명예, 권력, 미모, 사랑을 갈구하는 주체는 다른 누구도 아닌 '나'이다. 그것을 원하고 그것에 이르는 지름길을 찾지 못해 안달을 치지만 행복에 이르는 길은 결코 열리지 않는다. 조바심을 치면 칠수록 삶은 강퍅해지고 마음은 어지러워진다. 욕망이 크면 클수록 정신을 짓누르는 하중도 커지기 때문이다. 그렇게 큰 마음의 장애에 시달리는데 어떻게 스스로 길이 되고 행복의 주체가 될 수 있겠는가.

 나를 힘들게 만드는 요인, 내가 행복의 주체가 되지 못하는 원인은 모두 '내 안'에 있다. 자신의 인생을 하나의 연극으로 바라보고 자신이 맡은 배역을 이해하는 일이 우선되어야 한다. 세상 사람 모두가 대통령이나 갑부나 연예인일 수는 없다. 자신에게 주어진 배역을 이해하면 자신을 인생의 주인공으로 만들 수 있다.

 주인공으로서의 배역을 받아들이면 자신이 출연한 연극의 전체적인 조망이 가능해진다. 이와 달리 자신에게 주어진 배역의 소중함을 느끼기보다 불만을 앞세워 다른 배역들과 쟁투를 일삼게 되면 연극 전체가 나로 인해 치명적인 타격을 받게 된다. 가족 관계, 직장 관계, 친구 관계, 이성 관계 모두 이와 같은 관점에서 바라볼 필요가 있다.

 인생 연극은 혼자 진행할 수 없다. 연극 전체에 대한 이해와 주제에 대한 인식, 그리고 함께 출연한 배우들과의 소통과 연대의식이 무엇보다도 중요하다. 삶이라는 무대 위의 배역은 고정적인 게 아니기 때문에 다양한 배움을 얻을 수 있고 그것을 더 많은 사람들과 나눌 수 있다. 연극의 배역이 바뀌는 것처럼 인생의 역할도 바뀐다. 자식 배역이 부모 배역으로 바뀌고, 부모 배역이 조부모 배역으로 바뀐다. 우주의 변화가 자전과 공전의 묵묵한 순환 속에서 이루어지듯 우리는 우리에게 주어지는 인생 배역을 통해 돈, 권력, 명예, 미모, 사랑 같은 시련의 미끼에 현혹당하지 말고 잠재력, 통찰력, 창조력을 키워나가야 삶의 근원, 인생의 뿌리를 발견할 수 있다.

행복에 대한 성취는 행복에 대한 갈망으로부터 자유로워지는 순간에 이루어진다. 많지도 적지도 않은, 크지도 작지도 않은, 좋지도 나쁘지도 않은 상태, 그런 중도의 지점에 불변의 행복이 굳건히 존재하기 때문이다. 3차원 세계의 양극성과 상대성은 우리 삶의 본질을 망각하게 하고 개인의 삶에 주어진 소중한 학습기회를 상실하게 만든다. '눈에 보이는 것을 믿지 말라'는 현자들의 오랜 가르침은 행복이 밖에 있는 것이 아니라 내면에 있음을 일깨운다. 각박하고 경쟁적인 현실 세계와 일정한 거리를 유지하며 자신을 갈고닦아야 인생의 본질을 깨달을 수 있다는 가르침이다.

인생은 어느 누구에게나 쉽지 않은 훈련 과정이다. 대체로 수난극의 형태를 띠고 있지만 지혜와 통찰, 창조력을 키워나가는 데 인생만한 프로그램도 없다. 연극과 배역의 상징성을 이해하고 인생의 흐름을 스토리의 전개로 이해하면 인생은 진정 살아볼 만한 가치가 있는 무대로 탈바꿈할 것이다.

무대에서의 배역은 주인공으로 설정돼 있고, 각본은 확정적인 게 아니라 자신의 연기에 따라 실시간으로 변한다. 그렇기 때문에 미래에 대한 창조의 권한은 매 순간 자신에게 주어져 있다는 걸 알아야 한다. 그것을 모르고 언제나 남 탓을 하며 인생의 무대를 비관과 원망의 연기로 망가뜨리는 어리석은 사람들이 많다.

모든 성장이 진통을 거친 후에 이루어지듯 인생 연극의 수난 뒤에는 극적인 반전이 예비되어 있다. 폭력을 경험함으로써 자비를, 멸시를 받음으로써 명예를, 증오를 느낌으로써 자애를 깨닫게 되는 인격적 승화가 한 인간의 삶에 대반전의 감동을 창출한다. 누구에게나 인생은 미완의 작품이고 인간은 그것을 완성하기 위해 고뇌하는 작가이기 때문이다.

해가 저물기 직전, 가장 화려하게 타오르는 인간의 황혼

이십 대를 보내던 시절, 나에게는 기이한 소원이 한 가지 있었다. 주변의 친구들에게 나는 그것을 심심찮게 발설했고 그때마다 그들은 고개를 갸웃거리며 정신이 어떻게 된 게 아니냐는 표정을 짓곤 했다. 가감 없이 말하건대 그 소원은 "빨리 늙고 싶다"는 것이었다. 질풍노도처럼 격정적인 삶을 살아도 시원찮을 이십 대 초반에 빨리 늙고 싶다는 말을 입에 달고 다녔으니 친구들이 나를 이상한 눈빛으로 바라보는 것도 무리는 아닐 터였다.

그 무렵 내가 가장 힘들어한 건 젊음의 에너지였다. 일주일 동안 잠을 자지 않아도 피곤을 모르는 에너지, 열정이 지나쳐 중용보다 극단을 선호하는 에너지, 사랑하기 때문에 사랑하는 사람에게 상처를 주는 에너지, 세상을 자연스럽게 품을 수 없어 자학에 시달리게 하는 에너지……. 나이 든 사람들은 바로 그런 에너지가 고갈돼 청춘을 부러워하지만 바로 그런 에너지 때문에 나는 노년을 동경했다.

그 무렵 내가 열렬하게 동경하던 이미지가 있었으니 그것이 바로 백발이 된 노인이 무념무상한 표정으로 서쪽에서 붉게 타오르는 황혼을 바라보는 풍경이었다. 이십 대에 바로 그런 풍경의 주체가 되고 싶어 안달을 치고 있었으니 젊음의 격정에 얼마나 시달리고 있었던가, 지금 돌이켜보아도 이십 대의 내가 안쓰럽게 되새겨진다.

장년층이 된 지금도 나는 이십 대 초반에 동경하던 노년의 이미지를 여전히 마음에 품고 있다. 그것도 모자라 작가가 된 몇 년 뒤 중국의 학산당 낙관문집에서 '석가헌夕佳軒'이라는 글자를 발견하곤 '해질 무렵이 아름다운 집'이라는 의미에 마음을 완전히 빼앗겨 버렸다. 뿐만 아니라 '석가헌'을 삼십 년이 넘는 지금껏 나의 호號로 사용하고 있다. 대부분의 사람이 늙지 않기 위해 기를 쓰는 세상에 이렇게 노년에 대한 갈망과 동경을 품고 살아가는 사람이 있다는 게 믿어지는가.

이십 대 초반에 지녔던 노년에 대한 갈망과 동경은 현재의 나에게 여전히 유효하다. 무념무상한 백발의 노년이 되어 붉게 타오르는 노을을 관조하기까지는 물리적으로나 정신적으로 아직 갈 길이 멀기 때문이다. 노년이란 갈망한다고 빨리 도래하는 게 아니고 거부한다고 영영 비켜갈 수 있는 게 아니다. 요컨대 그것이 자연을 바탕으로 일어나는 일이기 때문에 인간의 부자연스러움과 대척 관계를 형성하는 것이다. 세상은 백세시대의 도래를 예고하지만 그것에 적응하지 못하고 정신적으로 육체적으로 소외를 면치 못하는 노년이 많아 사회적 문제가 되고 있다. 노년을 자연스럽게 받아들일 준비가 되어 있지 않은 사람에게 장수는 재앙에 다름 아니기 때문이다.

늙은 모습을 받아들이기 싫어 성형하는 사람이 많다. 뒤집어 말하면 젊게 보이기 위해 성형하는 사람들이다. 젊은 몸을 유지하기 위해 운동을 하고 웰빙 음식을 먹는 사람도 많다. 하지만 노년에 대한 진정한 긍정과 수용이 없는 한 운동과 음식은 밑 빠진 항아리에 물을 붓는 것과 다를 바 없다. 노년이 얼마나 감사한 것인지, 그것이 얼마나 큰 결실인지를 모른다면 나머지는 모두 꾸며낸 젊음의 흉내에 불과하기 때문이다. 진정한 노년의 아름다움, 그것은 과연 무엇일까.

노년의 문제에 대한 고찰은 그리스 로마 시대까지 거슬러 올라간다. '인생은 짧고 예술은 길다'고 설파한 그리스 의사 히포크라테스로부터 '짧은 수명을 받은 것이 아니라 우리가 수명을 짧게 만들었고, 수명을 넉넉히 타고나지 못한 게 아니라 수명을 낭비하는 것'이라고 했던 세네카에 이르기까지 인류는 유한한 생명에 대한 철학적 고찰을 계속해왔다. 하지만 노년의 문제에 대한 집중적인 사유와 고찰을 말하자면 키케로의 『노년에 관하여』

를 앞세우지 않을 수 없다. 로마의 웅변가이자 정치가, 문인으로 수사학의 대가였던 그는 노년이 비참해 보이는 이유를 네 가지로 요약했다.

"첫째, 노년은 우리를 활동할 수 없게 만든다네. 둘째, 노년은 우리의 몸을 허약하게 한다네. 셋째, 노년은 우리에게서 거의 모든 쾌락을 앗아간다네. 넷째, 노년은 죽음에서 멀리 떨어져 있지 않다네."

키케로는 자신이 꼽은 네 가지 이유에 대해 조목조목 반박하며 노년에도 얼마든지 활동하고 왕성하게 살 수 있다는 사실을 실증적으로 설파한다. 그리고 그것이 위대한 자연의 결실과 같은 것이라고 요약한다.

"소년은 허약하고, 청년은 저돌적이고, 장년은 위엄이 있으며, 노년은 원숙한데, 이런 자질들은 제철이 되어야만 거두어들일 수 있는 자연의 결실과도 같은 것이라네."

자연이 인간에게 준 역병疫病 가운데 쾌락보다 치명적인 것은 없지만 노년에도 나름의 쾌락이 있다고 키케로는 비유적으로 설파한다.

"연극이 맨 앞줄의 관객에게 더 큰 즐거움을 주겠지만 맨 뒷줄의 관객에게도 즐거움을 주듯이, 마찬가지로 성적 접촉에서도 젊은이들은 가까이에서 보기 때문에 더 많은 쾌감을 느끼지만 멀리서 보는 노인도 거기에서 충분한 쾌감을 느낀다네. 그러나 마음이 성욕과 야망과 투쟁과 적대감과 온갖 욕망의 전역戰役을 다 치르고 나서 자신 속으로 돌아가, 흔히 말하듯이, 자신과 산다는 것은 얼마나 대단한 일인가! 또한 마음이 연구와 학문에서 영양분을 섭취할 수 있다면, 한가한 노년보다 더 즐거운 일은 그 무엇도 없을 걸세."

키케로의 설파는 노년의 아름다움을 넘어 죽음의 자연스러움에까지 이른다.

"자연과 조화를 이루는 것은 무엇이든 선善으로 간주되어야 하네. 그런데 노인들이 죽는 것보다 자연과 조화를 이루는 것이 또 어디 있겠는가? 젊은이들도 똑같은 일을 당하지만, 그럴 경우에는 자연이 반항하고 저항한다네. 그래서 젊은이들이 죽으면 마치 강한 불길이 많은 양의 물에 의해 꺼지는 것처럼 보인다네. 그러나 노인들이 죽으면 마치 외부의 힘이 가해지지 않은 가운데 불이 다 타서 저절로 꺼지는 것처럼 보이지. 그리고 마치 과일이 설익었을 때는 따기가 힘들지만 농익었을 때는 저절로 떨어지듯이, 젊은이들에게서는 폭력이, 노인들에게서는 완숙이 목숨을 앗아 간다네. 또한 내게는 이런 '완숙'이라는 생각이 몹시도 즐거워, 내가 죽음에 더 가까이 다가갈수록 마치 오랜 항해 끝에 드디어

육지를 발견하고는 항구에 들어서려는 것 같은 느낌이 든다네."

키케로의 노년에 대한 설파는 죽음 이후 영혼의 문제로까지 확장된다. 영혼은 본성이 단일하고 나누어질 수 없는 불멸의 신성에서 유래한 것이므로 죽음 이후에도 영원히 존재한다는 것. 육신의 온갖 혼합물에서 해방되어야만 영혼이 비로소 지혜로워지므로 죽음을 슬퍼할 이유가 없다는 것이 키케로가 전하는 메시지의 핵심이다.

노년에 대한 문제의 핵심은 키케로가 설파한바, '원숙'한 삶에 대한 대안의 부재에 있다. 어떻게 젊은 상태를 오래 유지하고, 어떻게 늙지 않을까를 골몰할 게 아니라 어떻게 죽는 날까지 자기 삶의 고유성을 충만하고 충실하게 유지할 수 있을까의 문제인 것이다. 돈, 명예, 권력, 외모 같은 건 황혼의 아름다움을 채워주는 충실 지수와는 거리가 먼 것들이다. 그러므로 오래오래 멋진 황혼을 살고 싶다면 젊은 날부터 자기 계발을 위한 투자를 아끼지 말아야 한다.

황혼의 아름다움은 절로 조성되는 게 아니다. 평생의 투자를 통해 자기 스스로 아름다운 황혼으로 타올라야 하므로 오랜 세월 정신적인 투자를 해야 하는 것이다. 그것을 위한 네 가지 조건으로 나는 이런 것들을 권하고 싶다.

첫째, 인생의 의미를 탐구하는 독서를 해라.
둘째, 사색을 위한 자기만의 산책길을 만들어라.
셋째, 대화가 통하는 대상을 만나 화제를 넓혀라.
넷째, 특기를 개발해 창작하고 몰두하라.

독서를 통해 지적인 자극을 받으면 절로 사색이 시작되고, 사색이 시작되면 산책을 하고 싶어진다. 사색이 깊어지면 대화가 통하는 사람을 만나 그것을 화제로 나누고 싶어진다. 그런 시간성 속에서 전문 분야의 개성이 강화되면 자연스럽게 창작의 의욕이 눈을 뜬다. 그것이 수필이나 시, 소설이어도 좋고 사진이나 서예, 도예라도 좋다.

창작의 세계에 눈을 뜬다는 것, 자기 존재의 근원과 우주의 근원을 동시에 이해하는 창조 체험이니 그 세계는 아무리 늦은 나이에 입문해도 결코 늦은 게 아니다. 해가 저물기 직전, 가장 화려한 빛으로 타오르는 인간의 황혼은 그렇게 조성되는 것이다. 인간과 자연이 우주적 지혜로 합일하는 그 황홀한 순간을 어느 누가 기피하고 거부할 수 있겠는가!

|작가의 말|

| 작가의 말 |

인생이라는 연극무대의 배우들에게

 의식적이건 무의식적이건 작가적 삶의 본질은 인간과 인생에 대한 탐구이다. 이 세상의 모든 소설이 인간을 등장시켜 인생의 문제를 다루기 때문이다. 나에게는 인간과 인생에 대한 의문이 상당히 이른 나이부터 눈을 떠 작가가 된 뒤로 더욱 가열차게 심화되었다. 소설을 쓰는 것도 욕망의 두레박질이라는 자각을 얻은 뒤로는 이 탐사와 탐구가 거의 필사적인 상태로 심화되었다. 살아생전 삶과 죽음이라는 생성과 소멸의 문제에 대해 근원적인 답을 얻고 싶었기 때문이다.

 자신의 자유의지로 이 세상에 태어난 사람은 없다. 마찬가지로 어느 누구도 자신이 살고 싶은 대로 인생을 살지 못한다. 뿐만 아니라 죽는 날도 자신의 자의사와 무관하게 다가온다. 그래서 생명, 운명, 수명에는 명령[命]의 의미가 붙어 있다. 누가 왜 이런 프로그램 명령을 부여하는가, 하는 것이 내 탐사와 탐구의 주안점이 되었다. 그것에 대한 답을 얻기 위해 온갖 분야의 공부를 하고 나중에는 과학 분야까지 파고들어 많은 결실을 얻었다. 그래서 이제는 상당히 느긋한 심사로 주어지는 인생의 나날을 레고 놀이하듯 살고 있다. 나에게 주어진 인생이 나의 것이 아니라는 걸 완전하게 깨달은 것이다.

세상의 가르침 중에는 위험한 세뇌들이 많다. 무조건적으로 가르침을 받아들이기보다 자신의 내면으로부터 우러나는 것들을 주시할 필요가 있다. 인생의 시작도 끝도 모두 '나'와 결부되지만 그 '나'라는 것이 헛것, 다시 말해 일종의 망상이라는 게 이제는 확연한 진실이 되었다. 수천 년 전부터 전해져 내려온 깊은 가르침이 21세기에 이르러 과학과 접목되는 놀라운 진경을 목도할 수 있게 된 것이다. 그래서 이 책의 여러 군데에서 반복적으로 '나'를 문제 삼고 있고 그것을 문제 해결의 유일무이한 방안으로 제시하고 있다. '나라고 할 만한 것이 없다는 사실이 있다'는 가르침은 사실 석가모니로부터 비롯된 것인데 그것이 21세기의 과학자들에 의해 낱낱이 밝혀지는 장면은 참으로 진경이 아닐 수 없다.

인생은 일종의 연극무대이고 인간은 주어진 배역을 살아가는 배우들이다. '사람'이라는 영어 단어 퍼슨(person)의 어원이 '가면'의 의미를 지닌 페르소나(persona)라는 건 익히 알려진 사실이다. '사람'이라는 존재의 의미가 연극배우들이 쓰는 '가면'이라는 게 무엇을 의미하겠는가. 옛사람들의 통찰력이 놀라울 따름이다.

결국 이번 인생에 자신에게 주어진 배역에 충실할 필요성이 역으로 강조된다. 연극 못하겠다고 무대를 뛰쳐나가 노숙자가 되는 것도 자유이고 자살을 하는 것도 자유이지만 그 문제에 대한 인과도 결국 자신에게 돌아와 '지금, 바로, 이곳'의 내 배역을 구성하는 필요 불가결한 요소가 되기 때문이다. 자작자수 자업자득 自作自守 自業自得. 현재의 나에게 주어지는 인생 대본은 결국 나에게서 비롯되었다는 걸 알게 하는 것이다. 주어지는 인생을 왜 성실하게 잘 살아야 하는가, 더 이상 길게 말할 필요가 없으리라.

지구는 학교, 인생은 학습, 인간은 학생이다. '현고학생부군신위 顯考學生府君神位'—그것이 지구 졸업생의 명패이다. 지구 학교 학생의 기본자세에 대한 만고불변의 규정은 없다. 학생수칙을 일반화하고 규범화해서 세뇌시키는 일은 제도를 유지하는 자들의 관점에서는 중요하지만 개인의 관점에서는 많은 장애를 유발시킬 가능성이 있다. 이 문제를 빗댄 저승 일화 한 토막을 푸는 것으로 『검색어 : 삶의 의미』의 대미를 장식해야겠다.

살아생전 죄를 한 번도 짓지 않았다고 자부하는 목사가 있었다. 그가 죽은 뒤 어찌 된 일인지 그의 혼은 회색지대의 황량한 공간에 방치돼 있었다. 그는 자신이 마땅히 천국에 가게 될 거라 믿어 의심치 않았는데 주변을 둘러보니 노숙자 부랑자 사기꾼 같은 존재들만 얼쩡거리고 있었다. 천사들이 나팔을 불며 환영해도 시원찮을 판에 이 무슨 용서받지 못할 저승세계의 행정 착오란 말인가! 목사는 그곳의 지도령을 찾아가 자신은 살아생전 죄를 한 번도 지은 적이 없는 목자인데 왜 이런 곳에 방치하느냐고 따져 물었다. 그러자 지도령이 준엄한 표정으로 이렇게 꾸짖었다.

"너는 너 자신을 위한 이기심으로 죄를 짓지 않은 것이니 이기심으로 죄를 짓고 이곳에 온 자들과 하등 다를 게 없다. 알아듣겠느냐?"

21세기의 어느 날, 지구학생 박상우 올림

검색어 : 삶의 의미

초판 1쇄 발행 | 2022년 6월 6일

지은이 | 박상우
편집인 | 이용헌
펴낸이 | 박상우
펴낸곳 | 스토리코스모스
주   소 | 경기도 고양시 일산서구 탄중로 101번길 36, 105-104
전   화 | 031-912-8920
이메일 | editor@storycosmos.com
등   록 | 2021년 5월 20일 제2021-000101호

ⓒ 박상우, 2022

ISBN 979-11-92211-21-3 03810

* 이 책의 판권은 지은이와 스토리코스모스에 있습니다. 양측 동의 없는 무단 전재 및 복제를 금합니다.
* 잘못된 책은 교환해 드립니다.

www.storycosmos.com